藍學堂

學習・奇趣・輕鬆讀

Winning with People

discover the people principles that work for you every time

全球暢銷經典

與人同贏

人，是世上最值得投資的資產！
領導學大師掌握職場、家庭與人際的25個共贏原則

約翰·麥斯威爾 John C. Maxwell——著
蔡璧如——譯

推薦序

有助人際成長與職場成功的具體實踐法

林俊宏／104人資學院副總經理、中央大學人資所兼任助理教授

我於大學進修部與研究所兼任教學工作十餘年，講授的專業為組織行為與人力資源管理，遇到的學生大多具有工作經驗（甚至經驗高於我）。而員工離職恰好是這個專業的重大議題，當我詢問同學離職的相關經驗或者為什麼要離職時，原因除了追求更好的職位、優渥的薪資與個人生涯考量外，最常聽到的理由是上司難搞、無法和同事相處或下屬難以配合等，多數都是職場上的人際問題。無獨有偶地，在我心理師朋友的心理諮商診所中，求助的問題一樣是以人際諮詢為最大宗。可見人際問題一直困擾著你我，也是影響我們快樂與不快樂最主要的因素。

當同學問我對離職的看法時，我除了建議離職要辦理好交接，不要造成老闆或同事的困擾外，都會鼓勵同學**不要為了人際問題而離職**，反而應該利用機會培養自身的人際技能。因人際問題而離職是最不值得的！除了會放棄之前在這家公司的投入以及未來發展機會外，由於沒有改變自身行為模式，相信到了下一家公司，同樣問題仍然會發生，歷史只是不斷重演而已。

在此同時，我也會和同學強調在每個人的職涯中，專業技能、概念技能與人際技能是支撐職涯發展的三大支柱。比重上，**職涯初期以專業與概念技能為主，然而當你要擴大自身影響力時，人際技能的比重就不斷增加，甚至超過前兩者的比重**。

以我一位廚師朋友為例，其廚藝精湛自然不在話下，由於他卓越的人際技能，包含高度的親和力，和每個人都可以變成朋友；相信每個人都有他可以學習的地方，不斷地向他人請教；吸引志同道合的人一起共事，一同努力克服種種難關。經過十多年的變化，他的身分已經不是廚師，而是擁有一千多位員工的餐飲集團董事長。這也是人際技能創造事業成功的案例之一。這位董事長曾謙虛地告訴我，假若他有任何一點點的成就，都是來自於所有人給他的幫助！

當同學進一步詢問，要如何改善或強化與工作夥伴間的關係時，我通常會透過教練的技巧協助，幫助他們省視內在，並與他們討論出最佳解決方案。但事後我都會發現自己的建議，比較像是「頭痛醫頭」的解決方案（例如要強化情緒管理、有同理心等），而缺少可以協助個人於職場上獲得成功的具體步驟。

不過，等我閱讀完書稿，我知道未來可以把這本書推薦給同學們，幫助他們提升自身人際技能。因為作者約翰·麥斯威爾透過分析自己與他人的成功經驗，將提升人際關係的方法有系統地歸納成五大步驟及二十五個原理。除了相當容易理解，也可讓每個人與他人重新連結，創造正面與健康的人際關係，進而在職場上獲得成功。

推薦序

不再因「人」受傷！打開正向人際之鑰

胡展誥／諮商心理師

無論此刻的你是站在書店書架前，還是剛拆開宅配送來的包裹，或是睡前隨手翻書，我都要恭喜你拿起了一本好書。這本書很精彩、也很容易閱讀，值得你放下手邊的事、繼續往下看！

我在學校擔任心理師的前幾年，經常要與那些因為孩子捅婁子而被老師叫到學校的父母談話。他們因為要向公司請假、因為學校指責的口氣，總是帶著敵意走進校園。對於要與這些怒氣沖沖的家長工作，一開始我總是戰戰兢兢、戒慎恐懼，深怕一不小心就觸怒他們、引爆衝突。

隨著經驗累積我才發現，這些生氣的背後往往是累積已久的挫折、無助與委屈，當我能夠同理他們的負面情緒、理解需求，會談中便不再充滿焦慮與恐懼，進而開啟合作的可能。

學校總訝異我如何在短短的時間內，讓原本看似要來翻桌的家長像是變了個人，不但表達與學校合作的意願，也期待學校給予相關提醒與建議。其實，讓家長轉變的關鍵，是因為我看見的不是來「找麻煩」的父母，而是不斷努力卻苦無成效的父母。

正如同作者約翰・麥斯威爾在本書的「透鏡原理」中所提：「周遭外在的事物並不能決定我們看見什麼，我們的內在才有決定權。」你的許多觀點決定你將擁有什麼樣的人際關係，而你的人際關係又影響你看待自己及世界的觀點。

我們生活在由人類所組成的社會，許多問題因人而起，要解決這些問題，當然也不該將人際關係排除於外。心理學家阿德勒（Alfred Adler）認為，一個人必須要發展出社會興趣，也就是願意為這世界貢獻一份心力，期待讓世界變得更好，如此才能讓生活過得更健康、獲得意義感。而這一切，有賴於從「與人親近」開始，這本書正在教我們如何開啟這個重要的行動。

本書將帶著你**看懂經營人際關係的五個階段：幫助自己做好準備、與他人產生連結、學習信任彼此、練習投資他人、願意創造互惠雙贏，並且從中了解經營人際關係的重要性，以及相關的訣竅**。人際關係是一門極其複雜的學問，作者能用饒富趣味的故事、深入淺出的口吻，幫助讀者在輕鬆的閱讀過程中了解這些重要的態度，並透過具體的練習與簡單的問話達到自我覺察的效果，真是令人嘆為觀止的功力！

這本書特別適合這樣的你閱讀：

1. 不想老是在人際關係中受傷與自責；
2. 想打造正向人際關係，並擁有更好的職場、家庭與生活品質；
3. 想對人與人的互動有更透徹的洞悉與理解。

不管是細細品嚐、或者信手翻開任一篇，相信都能讓你感受到難以停止閱讀的好滋味！

推薦序

一本不會讓你失望的「正向人際關係全書」

楊千／交通大學EMBA榮譽執行長

我們常說做人比做事難，如果有一本書能夠提供一些「做人的道理」該有多好？而這本書就提供了相當完備的基本實踐原理：如何先做人、再把事情做好！非常值得我們終身學習，我有以下三個理由將此書推薦給讀者：

第一，所謂管理原則都是由許多人的經驗萃取出來的知識。從書末參考文獻看來，**書中每個原理的背後都具有相當不錯的依據**。我們可以從第九頁的「各界讚譽」中看到，有如此多全球著名的作家、演說家跟經營者親身推薦，他們一定十分肯定作者在人際關係上的非凡體驗。

第二，它是合乎邏輯編排的。**麥斯威爾博士有系統、有條理地組織章節分割，讓讀者更容易在思路上跟隨他的思考邏輯**。全書將人際關係的二十五個原理分成五大部分：認識自己、連結他人、建立信任、投資他人、互惠雙贏。

認識自己是一個非常困難的功課，因此作者將它放在第一部分。人無自知之明，因此人生最重要的功課就是——認識自己、提升自我。如果一個人沒辦法認識自己，並且跟自我相處良好，那他一定很難跟人家和睦相處。而第二部分，認識他人，並且展開連結、建立關係。講白了，就是要把焦點轉移到他人，讓人家喜歡你、依賴你。

第三部分，是取得他人長期信任、獲得大家的支持。第四部分，投資他人、加強關係。因為，有許多事無法靠個人獨立成就，而須透過專業上的分工合作來完成。第五部分，就以如何達到互惠雙贏，作為本書結論。

第三，它是**可以學習應用**的。這同樣是因為管理的理論都是由實務萃取而出，並非憑空想像。基本上，這本書可以當成一本隨身手冊，讓你隨時、隨地、隨手翻閱。我常說一天不能學太多東西，但是每天可以學一點新東西。雖然書中有二十五個原理，但事實上每個原理都可以獨立參考、演練操作。

就我個人而言，和麥斯威爾博士一樣，我也是個急性子，因此很喜歡書中的「耐心原理」。我曾看過一個研究，急性子的老闆常常沒有耐心讓部屬講話超過十八秒。所以，當別人講話時，我會刻意學習讀秒，要求自己十九秒之內不要打斷對方的話。很奇妙地，在這十九秒的時間裡，通常對方就能完整表達了。「任何事情的成功關鍵都是耐心。」藉由書中的建議，我也不斷地培養這個好習慣。

有空檔時，就隨手翻閱任何一個原理，進行自我省思，問問自己：是否落實、有何心得，以及在人際關係中是否往正面結果更進一步。只要你願意翻開此書，我認為絕對不會讓你失望！

各界讚譽

改變全球不計其數讀者的人際指南

●來自作家、名人推薦

「神奇的多產作家約翰・麥斯威爾又來了！睿智、實用、解釋清晰、簡單、證實有用的原理。如此豐富的寶礦，若能遵循這些原理，我們將會大大地改善人際關係，特別是那些需要重建的關係。」

——史蒂芬・柯維博士（Dr. Stephen R. Covey）

《與成功有約》（*The 7 Habits of Highly Effective People*）、《第8個習慣》（*The 8th Habit: From Effectiveness to Greatness*）作者

「簡單、有力的智慧應該好好珍惜。這本書是顆寶石。」

——派屈克・藍奇歐尼（Patrick Lencioni）

《克服團隊領導的5大障礙》（*The Five Dysfunction of a Team*）、《別再開會開到死》（*Death by Meeting*）作者

「約翰．麥斯威爾另一本激勵人心的新書。全書充滿溫暖人心的故事以及深具影響力的洞見，提醒我們：良好的人際關係是成功的關鍵。最棒的是，這本書提供我們清晰澄澈的教條——人際原則——每個人都可以加以運用。」

——肯．布蘭查（Ken Blanchard）

《一分鐘經理》（*The One Minute Manager*）、《一分鐘顧客管理》（*Customer Mania!*）作者

「為什麼約翰．麥斯威爾的書，暢銷超過一百萬本？因為他的觀點既清晰又有用。真的非常實用！《與人同贏〔全球暢銷經典〕》是他最好的一本書。每個人都需要它，約翰果然不負所望。」

——鮑伯．班福德（Bob Buford）

《人生下半場》（*Halftime*）、《完美收場》（*Finishing Well*）作者，「領袖聯絡網」創辦人

「此書鏗鏘有力、毫不保留，讓讀者可以自我檢視，並且自問：我要如何成為我想要的樣子？切中主題、見解深刻，這是所有強調『以他人為中心』，建立關係的書籍中最好的一本。」

——柏妮絲．金恩（Bernice A. King）

美國民權運動領袖金恩博士（Martin Luther King, Jr.）之女

「知識性、循循善誘、鼓舞人心！在這本精緻的著作中，傳奇人物約翰・麥斯威爾揭露了經過驗證的原則，領導者可有意識地運用這些原則，建立和維繫員工的信任。任何志在領導的人一定不能錯過。」

——傑克・金德爾（Jack Kinder, Jr.）及蓋瑞・金德爾（Garry D. Kinder）

顧問、作家、演說家

「幾乎百分之百的心理諮商，都直接或間接與人際關係所遇到的困難有關——家裡、工作上和群體中的關係——如果想清楚了解人際關係的重要性，你絕對要讀約翰・麥斯威爾博士所寫的這本書。」

——吉格・金克拉（Zig Ziglar）

作家、激勵講師

「約翰・麥斯威爾又做到了！他再次寫出卓越的作品，這本書充滿了有力的深刻洞見、真實生活的例證，以及實用有效的執行步驟。時而嚴肅、時而幽默，整本書總是趣味盎然。了解如何與人和睦相處是每個人迫切的需要——《與人同贏〔全球暢銷經典〕》符合所有人的需求。」

——保羅・麥爾（Paul J. Meyer）

《紐約時報》（*New York Times*）暢銷書作家、《成功的二十五個關鍵》（*Unlocking Your Legacy: 25 Keys for Success*）作者、「成功激勵學院」以及其他四十多家公司創辦人

●來自宗教界推薦

「實用、見解深刻、深具說服力。閱讀《與人同贏〔全球暢銷經典〕》就像閱讀《聖經》中的〈箴言〉，全部都是關於人際關係的往來。當你讀一本書，並且開始覺得有很多人需要它的時候，你就知道自己發現了一本意義重大的書。這本書就是這樣！約翰又再一次擊出全壘打。」

——柏倫迪（Randy Pope）

美國「周邊教會」（Perimeter Church）牧師

「約翰．麥斯威爾是很多人的好朋友，我很榮幸成為他的好友。我非常喜歡和他共處，而這本書說明了為什麼約翰會有那麼多美妙的關係，就像他跟我的關係一樣。他身體力行、言行一致。我相信，這本書或許是約翰所有作品中意義最深遠的——這可不是隨便說說而已。」

——羅恩．布索（Ron Blue）

「基督教金融專業網絡」主席

●來自金融界推薦

「學會如何與人共贏以及發展穩固的人際關係，才是成功人生的真諦。不論你是回歸基本面，從根基打起、發展你的關係；還是你已經做得相當不錯，只需要微幅地調整，這本書絕對必讀。約翰這種洞悉人類關係的天賦，真是無人能及！」

——葛雷格・普若范塞諾（Greg Provenzano）

ACN公司總裁和共同創辦人

「我剛看完約翰的這本新書《與人同贏〔全球暢銷經典〕》。這本書實在太棒了……約翰的天賦正中紅心。每位領導者都應該把這本書列入『必讀』清單！」

——吉姆・布蘭查（Jim Blanchard）

前西諾烏斯（*Synovus*）金融公司執行長

「幾年前，上帝向我揭露一個深具意義的原則——『人們互為肢體』。這個無法否認的事實，不但適用任何工作關係，也適用所有的合作型態。你可以運用此原則來建立、成就和實現任何有價值的目標。《新約聖經》清楚地教導，耶穌基督的身體與當今世上的連結就在人們身上。倘若沒有健康的關係，我們便無法成功。約翰・麥斯威爾已經完全抓住這個真義，並且清晰地闡明。謝謝你，約翰。」

——詹姆斯・羅比遜（James Robison）

生命擴展國際（LIFE Outreach International）總裁、

《今日生活》（*LIFE Today*）電視節目主持人

● 來自體育界推薦

「過去六、七年中，閱讀約翰．麥斯威爾的著作與聆聽他的錄音帶，已經成為我加強領導能力的實用工具。雖然像我們這樣身為領導者，都有自己既定的想法和溝通技巧，然而，他的作品卻能真正激發我們的新思維，同時強化我向來拳拳服膺的信念。

每一天我幾乎都會設法改善自己的領導能力，時常倚靠的就是約翰．麥斯威爾的幫助。現在他提供我們所有人一個良機，用這本新書幫助我們更具洞察力。國家美式足球聯盟（NFL）的教練，都應該深入研究這本書。因為我們最重要的工作就是與這些深懷絕技的運動員共事，去引導、激勵他們，讓他們在這個追求高度績效的競爭行業中，能有亮麗的表現。

我的哲學一向都是：『我不教導玩足球的人；我教導以足球為生的人』。當我的團隊要從季後賽十三勝、三負的戰績向世界錦標挺進時，這本新書將是我最寶貴的資產。麥斯威爾不愧是教練中的教練。」

——迪克．維梅爾（Dick Vermeil）

前國家美式足球聯盟教練

「倘若你不了解或不運用約翰．麥斯威爾這本——《與人同贏〔全球暢銷經典〕》中提供的人際原則，你就無法持續地在足球賽中獲勝！」

——馬克・萊特（Mark Richt）
前喬治亞大學鬥牛犬隊（Georgia Bulldogs）總教練

「除非你能夠了解如何激發出隊員的最佳潛力，否則你就無法成功地擔任美式足球聯盟團隊的教練。同樣地，除非你能夠學會和他人好好地合作共事，否則你無法成就任何事。無論是在足球場上、會議室中或是在家裡，《與人同贏〔全球暢銷經典〕》的人際原則都可以幫助你學會，如何在人生的各個層面當一個領導者。」

——戴夫・汪史提特（Dave Wannstedt）
前國家美式足球聯盟教練

目錄

第二部

展開連結：
翻轉視野，把焦點放在他人身上

第三部

建立信任：你如何讓身後站滿同伴，一同迎戰？

第四部

投資他人：有哪種投資會長長久久呢？答案是人！

第五部

互惠雙贏：成功不是單人表演！多人合作，才能創造豐收

導論

可口可樂從「區域」轉型「全球」的成功關鍵

如何才能贏得人心？你需要天生外向或是擁有優異的直覺，才能在人際關係上成功嗎？在人際關係的技巧上，是否某些人就是具有天賦，而有人就是資質平庸，而我們就只能接受上帝給予的能力？如果某人在建立人際關係上，已經做得相當不錯，他是否還能做得更好？

當我們面對一個真正的「人際高手」，大多數人都可以立刻察覺。這些擁有傑出人際手腕的個中好手，可以輕易地與我們產生連結，讓我們覺得自己很棒，並且提升我們至更高境界。我們與他們之間的互動創造出正面美好的經驗，讓我們想要與他們共度時光。

有些人與人相處的能力極為高超，他們實在應該獲選進入人際關係的榮譽名人堂才對。像戴爾・卡內基（Dale Carnegie，著名的人際關係學大師）、約翰・伍登（John Wooden，美國最具傳奇色彩的大學籃球教練）、雷根（Ronald Reagan，美國政治家），以及諾曼・文生・皮爾（Norman Vincent Peale，著名的宗教家、教育家）等人一下子就浮現腦海中。

相對地，有些人的人際能力卻足以讓他們列名「羞恥名人堂」。像老亨利・福特（Henry Ford，譯按：福特汽車公司創辦人，反猶太，曾支持希特勒），蕾歐娜・赫爾姆斯利（Leona Helmsley，譯按：紐約以殘忍和貪婪聞名的房地產商人，曾因逃稅罪名被判刑），富蘭克・羅倫佐（Frank Lorenzo，譯按：美國東方航空前總裁，以苛刻勞方聞名），丹尼斯・羅德曼（Dennis Rodman，譯按：美國職籃搞怪球員）等人就有此等名聲。

其實，關於人際關係，你不用翻閱報紙、也無須研讀歷史，就可以發現極端的例子。因為，**每天的生活中你都必須與這些人相處**——在街上、在教堂（或者是家裡），尤其是在工作場所。

讓我們來看看下列這些求職應徵函中的陳述，透露出這求職者人際能力的缺陷：

- 如果我不跟別人共事，這樣對老闆最好。
- 那家公司把我當成代罪羔羊，就像我之前的雇主們一樣。
- 注意：請不要因為我做過十四種工作，就誤以為我是那種喜歡亂跳槽的人，我從來沒有主動辭掉工作過。
- 推薦人：無。因為，我已將一場糊塗的過去拋諸腦後。

你或許會發現以上某些求職者，正是**你的同事**呢！

贏得人心，就能獲得勝利！

對於良好的人際技能，你是如何評價的呢？

問問那些大公司裡成功的執行長，想要在領導位置上獲得成功，最重要的特質是什麼，他們會告訴你，就是與人共事的能力。訪問企業家導致成功或失敗的分野是什麼，他們會告訴你，就是與人相處的技能。和那些頂尖的銷售專家談談，他們會告訴你，人際知識要比產品知識重要多了。和老師、生意人、店長、小型企業主、牧師或家長們坐下來聊聊，他們會告訴你，能否脫穎而出的關鍵差異就在通曉人情世故。

人際技能是無價之寶。**你想從事什麼樣的工作都無所謂，如果你可以贏得人心，就可以獲得勝利！**許多人落入一種陷阱，他們把人際關係視為理所當然。這樣並不是好事，因為，建立和維繫健康人際關係的能力，攸關生活中每個層面的福祉。

我們的人際技能決定未來是否能夠成功。

在羅伯特·伍德羅夫（Robert W. Woodruff）的領導下，可口可樂由區域性的小規模飲料製造商，成功地轉型為全球性的大企業和金融龍頭，他了解人的因素影響成就甚鉅。而人際關係專家吉格·金克拉在《頂尖績效》（*Top Performance*）中，摘錄了可口可樂公司前總裁——伍德羅夫，製作發送給大家的小冊子中的一段話：

人生就像是一項銷售工作。成功或失敗大部分取決於我們如何激勵身邊的人相信我們的能力，以及我們能夠提供什麼東西。

這份工作的成敗主要繫於人際關係。重點在家庭成員、顧客、員工、雇主、同事和夥伴，他們對我們有些什麼樣的反應。如果他們的反應良好，我們十分可能會成功；如果他們的反應不良，我們則注定要失敗。

人際關係中，我們最致命的錯誤就是把人們視為理所當然。我們既不積極，也不持之以恆地努力做些事情或說些話讓別人喜歡我們、信任我們。因此，我們無法在別人心裡營造想要與我們共事的願望，也就無法達成我們的渴望與目標。

不論是個體或組織，我們總是一再地看見他們只發揮了一小部分成功的潛能，或甚至完全失敗，純粹只因為他們忽視了商場上和生活中「人的因素」。

這些個體及組織把人們和其行為都視為理所當然。然而，就是這些人們以及他們的反應，造就或是毀滅了這些個體和組織。[1]

成功或失敗，都是由人開始

生命中的所有成功，都起源於和對的人開啟關係，然後運用良好的人際技巧強化。同樣地，生命中的失敗也可以回溯到人的因素。

有時候，這種影響顯而易見，像是與有虐待傾向的配偶、品行不端的合夥人，或是病態依賴的家人糾纏不清。其他時候，麻煩則比較輕微，比如說，疏遠一位你每天都得接觸的同事，無法和某位重要客戶建立正面的關係，或是錯失鼓舞沒有安全感孩子的良機。重點就在於：**人們的成功或失敗，通常都可以歸因於他們生命中的人際關係**。

當我回想起個人失敗，其中大部分可以回溯到生命中特定的某些人。有一次，我選錯理財分析師，並且和他簽了一筆石油交易，結果虧損一萬美元。這筆錢，可是我和太太瑪格麗特（Margaret）費了許久時間才存得的積蓄。還有一次，我開辦一項新事業，請了朋友掌管，心想他可以經營有成。但是我的判斷力不佳，只不過短短幾年，這個企業的赤字已經超過十五萬美元。

我並不是把自己當成受害者，把失敗全都歸咎給別人。我要說的是，我與他人的互動在整個過程中，其實占了絕大部分。同樣地，我也不能把成功全都視為自己的功勞。**我的成功，沒有任何一件是靠自己獨力完成的**。我與他人的互動幫助我獲得成功。

回顧每一個成就，我都可以看見因為某段良好的人際關係造就了自己的成功。如果沒有艾莫爾・湯恩斯（Elmer Towns），彼得・魏格納（Peter Wagner），以及傑克・海福德（Jack Hayford）的幫助，我的職業生涯絕不可能達到今天這樣的境地。如果沒有湯瑪士・尼爾森出版社（Thomas Nelson），還有我創辦的音久管理顧問公司（INJOY Stewardship Service）中許多人的幫助，我的《領導力21法則》（*The 21 Irrefutable Laws of Leadership*）這本書絕不可能成為百萬暢銷書。而我在財務上大部分的幸運，都要歸功於我的兄弟賴瑞・麥斯威爾（Larry Maxwell），和好友湯姆・菲力浦（Tom Phillippe）他們的建議與幫助。

職場或專業上的人際關係固然重要，個人方面的人際關係更是舉足輕重。我的心靈生活可以回溯到我與父親——梅爾文．麥斯威爾（Melvin Maxwell）的關係。而每天我都覺得滿足又充實的原因，則歸功於我和太太瑪格麗特的關係，她幫助我享受我們的成功。另外，我生命的延續更必須歸功於我和其他人的關係。倘若沒有遇見心臟科醫師約翰．布萊特．凱吉（John Bright Cage），我現在就不可能寫這本書。因為，一九九八年十二月的那次心臟病發作，很可能要了我的命。

別將人際關係當成蛋糕上的糖霜！

你是否曾經察覺自己正和某些難相處的人打交道，並想著：她很有才華，但是她一定難以共事；或是他很聰明，但是他似乎和每一個人都處不來。這些人永遠無法發揮全部潛力，他們所能成就的僅是他們能力的一小部分，他們並不知道如何與人們一起贏。他們並不了解，在生活中，**良好的人際關係並不只是蛋糕上那層附帶的糖霜而已，良好的人際關係就是蛋糕本身——是我們活出成功與充實生命必備的堅實要素。**

那麼，沒有良好的人際關係技能者該怎麼辦呢？

我必須承認，建立人際關係對我而言似乎很自然，我天生就善於與人相處。但是，我同樣非常努力地增強自己的技能。在長達半個世紀的時間，我已學會很多有關別人和自己的事，並且把這些概念轉換成**二十五項人際原則，每個人都可以加以學習**。就連最內向的人都可以用來演練，變成比較易於與他人相處者；而已經領會個中訣竅的人，則可以成為大師級的關係建立者。

我之所以這樣說，是因為這些人際原則每一次都管用。不論你是年輕或年長，樂觀或憂鬱，男性或女性，在職或退休，這些原則通通都適用！我已經練習了好幾十年，當我旅行六大洲、數十個國家，親自目睹這些原則真的有效。**藉由遵循這些原則，我將自己和別人一起成功的機率拉到最大，同時建立了正面、健康的人際關係**，為我帶來職業上的成功以及個人的滿足。

當你閱讀以及學習這些人際原則時，你會發現有些是普通常識，有些卻可能讓你嚇一跳。或許你會質疑某些原則過於樂觀，不過，我可以根據經驗告訴你，這些原則真的有效。只靠一項人際原則，並不能讓你成為人際大師，但是，實踐所有原則卻能改善你的人生。（而且你可以確定自己將永遠不會被提名進入人際關係的「羞恥名人堂」！）

不過，這不表示你能夠和遇到的每個人都享有成功的關係。你無法掌握別人對你的反應，你所能做的，就是讓自己成為一個別人想要了解的人。這樣一來，他們就可以和你建立關係。

在人生中，你所運用的技能以及選擇的人，將會造就你或是毀掉你。在本書裡，我會根據五項重要的問題來分類人際原則。

如果想要創造共贏人生，我們必須問自己以下五個問題：

1. 準備就緒：在人際關係方面，我們是否已做好準備？

2. 展開連結：我們是否願意把焦點放在別人身上？

3. 建立信任：我們可以建立彼此的信任嗎？
4. 投資他人：我們樂意投資別人嗎？
5. 互惠雙贏：我們可以創造雙贏的人際關係嗎？

學習和實踐這些人際原則，你將能夠正面地回答以上每個問題。這樣一來，你將擁有成功的人際關係；也能夠建立健康、高效以及滿足的人際關係。而且，你有機會成為那種讓別人也成功的人。還有什麼事比這樣更美好呢？

第一部

準備就緒：決勝及關鍵的起點——你，準備好了嗎？

「當今世界上最有用的人，就是那些懂得如何與別人好好相處的人。人際關係是人類生存最重要的科學。」

——史丹利·艾林（Stanley C. Allyn）

我職業生涯中的前二十六年是在當牧師。提到與人共事，我知道沒有任何職業比牧師更強烈需要這種人際技能了。

由出生到死亡，無論人們身處任何年紀或生命中任何階段，牧師們總是被召喚進行指引、教育、輔導、諮詢並且安慰人們。

當人們經歷生命中最喜樂的時刻，像結婚大喜之日或是為小嬰孩施洗時，我們與他們同在；當人們經歷生命中最黯淡的時刻，例如想要免於離婚而力挽狂瀾、經歷小孩悲劇離世，或是當他們瀕臨死亡尋求答案時，我們也與他們同在。

過去這數十年來，我學會很快地辨識出那些在人際關係中苦苦掙扎的人們。他們形形色色，老少不拘。有時候，我為未婚人士進行諮商，有些人似乎總是無法順利展開一段關係，他會悲傷傾訴獨處的淒涼，並且長吁短嘆地述說自己多想結婚。可悲的是，有的人實在應該專注在自身情感上是否已經準備就緒——亦即建構健康關係的基本能力，而不是滿腦子想要結婚。

讓我們面對它吧。並不是每個人都擁有這些技能，可以開啟、建構和維繫良好健康的關係。很多人生長在不健全的家庭，從未擁有正面人際關係的模範。有些人是如此專注在自身以及自身需求上，以至於看不見他人。還有些人曾經遭受至深的傷害，因此透過痛苦的濾鏡來看這個世界。

就是因為這些人際關係的巨大盲點，讓他們不了解自己，也不知道如何以健全的方式連結別人。

只有具備健全的人際關係心態者，才能建立絕佳的關係。這是一切的源頭。我相信有些基礎的建構元件，可以幫你做好準備。這些基礎元件，可以回答我們是否已預備好邁向健康的人際。以下五項原則，蘊含了這些必要的基礎元件：

- **透鏡原理**：我們是怎樣的人，決定我們如何看待別人；
- **鏡子原理**：我們第一個要檢視的人就是自己；
- **痛苦原理**：受苦的人會傷害別人，也容易被別人所傷；
- **鎚子原理**：千萬不要用鐵鎚去拍打別人頭上的蒼蠅；
- **電梯原理**：在人際關係中，我們可以提振他人，也可以令人沉淪。

任何錯失這些必要基礎元件的人，就代表他們對於人際關係尚未做好準備。結果便是——與人相處時，他們總是不斷地產生問題。

如果你或是你認識的人，總是無法建立人類都渴望的正面關係，那麼，原因很可能就出在準備不足。藉著學習這五項人際原則，你將為創造正面與健康的人際關係做好準備。

第1章

透鏡原理：
你，是決定如何看待別人的關鍵

「任何會接受我成為會員的俱樂部，我都不想加入。」
——格魯喬・馬克斯（Groucho Marx）

問問自己：我對別人的觀感是什麼？

你是否曾經開始一份新工作，然後公司裡某位資深的同仁會告訴你，小心這個人，或是避開那個人？這種情形我曾經遇過幾次。

當我首次接下專業領導者職位時，前手告訴我要小心兩個人：奧黛莉（Audrey）和克勞德（Claude），他跟我說：「他們會帶給你很多麻煩。」所以接任時，我已預期他們會惹麻煩。

首先，我留意奧黛莉。她是個強壯的女人，而且具有強韌的個性。（我和她其實很像！）令我訝異的是，與她共事最終成為美好的經歷。她既自信又能幹，總是能夠圓滿達成任務。我們共事關係相當不錯，她還成為我的家庭友人。

而克勞德其實是位熱愛教會的老農夫。沒錯，他是組織裡最有影響力的人（就算過了三十五年，仍然是）。但是，那並不會讓我感到難過。他的年紀是我的兩倍大，而且他一輩子都待在那個教會裡，我憑什麼期待他聽從我，只因為我擁有領導的位子和頭銜嗎？與克勞德和睦共事是我的目標，結果他和我相處良好。

後來，我接受第二個教會的職位，這一次前手又警告我：「小心吉姆（Jim）。他每一件事都會和你戰鬥。」所以接任第一週，我就與他碰面。雖然那次的對話很艱辛，但是，吉姆讓我知道他熱愛上帝、熱愛教會，也願意與我站在同一陣線。結果待在那裡的數年裡，他成為我的頭號助手。他的確很會戰鬥——當我最強而有力的支持者。我實在找不到比他更好的團隊成員了。

在我接受第三個教會的職位後，我的前手提議要與我坐下來談一談，好好地面授機宜，提醒我哪些人可能會帶來麻煩。就像先前的兩次經驗，他其實是好意想要幫我。但是，我恭敬地謝絕了他的提議。那時，我已經在領導位置上待得夠久，明白**他的麻煩人物不見得是我的——反之亦然**。他倚重的人很可能和我沒有連結，而他覺得格格不入的人，卻很可能成為我的關鍵團員。為什麼呢？因為，我們是怎樣的人，決定我們如何看待他人。

為什麼他看得見松鼠？我看不見

既定的想法，會影響到自己看待事情的方法。有個典型的例子就發生在我大學時。我受邀擔任朋友羅夫．畢斗（Ralph Beadle）的伴郎。婚禮前一晚，我和他待在一塊，然後就在婚禮當天一早，他想要去獵抓松鼠。（我猜沒有什麼比起射擊小動物，更能讓一個焦躁的傢伙冷靜下來吧。）他借了我一把獵槍，再一同出發到林子裡。四處晃蕩了一會，但我連隻松鼠的影子都沒見到。

「松鼠都跑到哪裡去了？」我不斷地問羅夫，還亂踩一通、發出窸窸窣窣的聲響。連問五、六遍之後，他終於說：「約翰，你待在樹林的這一邊，我到另外一邊去。」

羅夫還離開不到兩分鐘，我就開始聽到「砰！砰！」的聲音。但我還是看不到任何一隻松鼠，只好坐下來休息。好希望此時隨身帶著一本書，我開始觀賞栗鼠們嬉戲玩耍。在此同時，我仍不時聽見槍聲。一直感到納悶，他到底在射什麼？

幾分鐘後，羅夫踱步回來。他裝了滿袋的戰利品，而我卻依然沒見到任何松鼠。「為什麼松鼠都在你那一邊？」我問。羅夫只是搖搖頭、笑了笑。

你是怎樣的人，決定你看待每一件事情的方式。你的觀點和你這個人是分不開的。你所擁有的全部特質以及每一個經歷，都會將你看待事情的方式染上色彩。那是你的透鏡。

內在，決定你的視角

有個科羅拉多州的人搬去德州，他蓋了一棟房子，還有一面很大的觀景窗，從窗戶望出去可以看到綿延數百哩的牧場。人家問他喜不喜歡這個景致，他回答：「唯一的問題就是沒有什麼好看的。」約在同時，有個德州人搬到科羅拉多州，同樣蓋了一棟擁有大片觀景窗的房子，從窗戶往外看，落磯山脈盡收眼底。人家問他喜不喜歡這景致，他說：「這地方唯一的缺點就是，你沒有辦法看見任何東西，因為都被這些山擋住了。」

這個故事或許有點誇張，但它卻指出同樣的事實。你是怎樣的人，影響到你所見的事物。

同處一室的人雖然看見相同事物，但是對每件事物的觀感卻截然不同。我和太太瑪格麗特總是這樣。例如，我們參加某個宴會、與人聊天時，她會問我：「剛剛那個穿藍色毛衣的先生跟你說什麼？」我壓根兒不知道她在講誰。瑪格麗特擁有絕佳的造型風格與流行時尚的品味，而我卻不然。當我注視人們的時候，我並不留意他們穿什麼。對我來說，衣服就是衣服啊！

每個人都有自己的偏好或傾向，這些將為我們所見的每一件事染上顏色。**周遭外在的事物並不能決定我們看見什麼，我們的內在才有決定權**。

有個旅人走近一座大城市前，問了坐在路旁的老人：「這個城市裡都是什麼樣的人啊？」

「從你來的地方的人是什麼樣子呢？」老人問。

「很可怕，」旅人回答，「無論哪一方面來看，他們都既卑鄙又靠不住，實在非常可惡。」

「喔，」老人說：「那你會發現前方城市裡的人們也一樣。」

第一個旅人前腳剛走，第二個旅人就停下來問路旁老人相同的問題。同樣地，老人又問第二個旅人剛離開的地方，那裡的人們如何。

「他們都是很好的人，誠實又勤奮，還過分慷慨。」第二個旅人說：「離開那裡讓我感到很不捨。」

老人回答：「你會發現這裡的人正是一模一樣。」

人們看待他人的方式，其實是自我的反射。

如果我信任他人，我會覺得別人都是值得信賴的。
如果我吹毛求疵，我會覺得別人都是吹毛求疵的。
如果我滿懷愛心，我會覺得別人都是慈悲為懷的。
當你在評論他人或是與別人互動的時候，你自己的個性會流露出來。根據簡單的觀察，不認識你的人能夠看出你許多的特質。

人們怎麼看你，其實是你教出來的

我以前常常在會議中講這個老故事。某一天，有個老爺爺正在沙發上睡覺，他的小孫子們決定戲弄他。他們從冰箱裡扯出一點超級嗆鼻的林堡乳酪（Limburger cheese），偷偷地把它擦在爺爺的鬍鬚上，然後躲在角落等著看接下來會發生什麼事。

過了一會兒，老人家的鼻子開始顫動抽搐。然後他開始搖頭晃腦，便忽然直挺挺地坐起來，臭著臉說：「這裡有東西發臭了！」

老爺爺起身、拖著腳步走到廚房，用力聞一聞，「這裡也很臭。」於是決定到戶外呼吸新鮮空氣，但當他深呼吸時，那股惡臭又再次出現。「全世界都發臭了！」他悲嘆地說。

這個故事的寓意是？只要鼻子下面沾有林堡乳酪，每一樣東西都很臭！對老爺爺來說，好消息是只要用肥皂和清水，把鬍子上的臭東西清乾淨，所有東西就會回復甜美。但是，對那些「內心存有髒汙」的人而言，這個任務比較困難。**如果你想要改變看待生命的方式，唯一的方法就是——先改變你的內在**。

我們每個人都有一套既定的參考架構，這套架構包含了我們對自己、對他人以及對生命的態度、假設與期許。這些因子決定我們是樂觀或悲觀，愉悅或憂愁，信任或猜疑，友善或內斂，勇敢或膽怯。這些因素不僅影響我們如何看待生命，也影響我們如何讓別人對待自己。

愛蓮娜・羅斯福（Eleanor Roosevelt，前美國總統羅斯福之妻）夫人說：「除非得到你的允許，沒有誰能讓你小看自己。」或是我們可以換個措辭，用作家和心理學家菲爾・麥格羅（Phil McGraw）的話來說：「人們對待你的方式是你教的。」你怎麼教別人是根據你如何看待生命而定，而你如何看待生命則源自於你是怎樣的人。

幾年前，我有機會到國家美式足球聯盟的聖路易公羊隊（St. Louis Rams）上領導課程。後來，他們邀我去觀賞比賽，我獲准坐在教練和球員的配偶席上。那次我坐在金・馬茲科（Kim Matsko）的旁邊，她是當時公羊隊副總教練、攻擊線（Offensive line）指導約翰・馬茲科（John Matsko）的妻子。閒聊時，我問她所有她曾住過的城市中，她最喜歡哪一個？（她住過很多州：俄亥俄州、北卡羅萊納州、亞利桑那州、加州、紐約州和密蘇里州。）她的回答是：「我現在住的這個城市。」

「哦，所以妳最喜歡聖路易囉？」我說。

「不是，我沒有這樣說。我的意思是，我最喜歡目前居住的城市。這是一種選擇。」她回答。這種態度多好呀！如果你可以保持像這樣的觀點，你永遠會用正面的角度來看待生命。

你永遠無法要求稻草人下蛋！

蓋洛普公司（the Gallup Organization）的肯尼・斯塔克（Kenneth A. Tucker）和凡達娜・奧爾曼（Vandana Allman）在《動物公司》（*Animals, Inc.*）一書中，講了個穀倉動物的寓言故事，意圖指出企業是如何不當地管理員工。農莊裡的主事者相信每個人都可以經由訓練從事任何工作，所以他們要求犁田的馬去操作電腦，鼓勵害羞的綿羊去做電話行銷。

其中我最喜歡的是這一段：稻草人被送到母雞的產蛋房下蛋。他努力了一整天，從體格來看，他展現了完美的架勢。身旁的母雞們咯咯地迅速下著蛋，他試了又試。但是一整天過去了，筋疲力盡的他還是一顆蛋都生不出來。

你或許在想：「當然囉，他根本不會下蛋。」很明顯地，只有母雞才會下蛋，馬才會耕田，而綿羊生產羊毛。顯而易見，天賦的能力會影響我們從事的工作，然而，就像我們的天分和才能一樣，我們的思想和態度也主宰著我們，同樣是我們這個人的構成分子。我們無法把它們從我們身上區分開來，**如果我們冀望產生任何與自己性格分子相悖的結果，將注定要失望**。

決定我們是誰的五項要素

是什麼因素決定你成為怎樣的人？原因顯然很多，但是我認為以下這五項最為重要！

一、遺傳基因：我們無法改變

以前，當瑪格麗特和我還年輕而天真的時候，我們相信遺傳因子只占一個人的個性組成一小部分。我們認為，外在環境要為一個人的個性負擔九八%的責任。如果你依照自己的樣子養育孩子，那麼，他們長大之後就會變得像你一樣。後來，我們收養了伊莉莎白（Elizabeth）和喬爾波特（Joel Porter）才發現，雖然教養、品格發展、教育以及靈性方面的引導等，扮演相當重要的角色，但是，不論環境如何變化，有些東西就是如此根深柢固地深植在人們的內在。

你的基因構造很可能好壞兼具。你天生就具備某些優異的特質或性格，這點全世界每個人都一樣。但是，你也會有自己不喜歡的地方，或許，你必須學習與它們和平共處。在個性方面，你要努力改善自己的缺點。而在天分方面，你要善加利用自己的優勢。

你無法改變你的基因，這點你毫無選擇。雖然如此，決定你是誰最重要的五項因素之中，只有這一項你無法藉著做出抉擇來改變。而另外四項要素，卻或多或少可以操之在你。

二、自我形象：正面還負面？

詩人艾略特（T. S. Eliot）觀察到：「這世界上一半的傷害，都是因為人們想要覺得自己很重要。他們不是存心造成傷害的。他們沉溺在無窮無盡的掙扎裡，想要擁有高度的自我肯定。」人們就和水一樣：總是會找到自己的水平層次。一個擁有負面自我形象的人，會預期發生最壞的事情，總是破壞關係，並發現其他人同樣地負面。而那些擁有正面自我形象的人，會期待自己擁有最美好的事。**擁有正面和正確的自我形象者，極可能有高成就，也覺得別人很有潛力成功，而且他們會自然而然地被其他成功人士吸引。**

正如心理學家納森尼爾・布蘭登（Nathaniel Branden）所說：「當我們與那些和自身有相似自尊水平的人在一起，會覺得最舒服自在，最有『在家』的感覺。在某些議題上，相反自尊水平的人或許也會吸引你，但是你不會有這種自在感受。」

據說有一天，前美國最高法院大法官奧利佛・溫德爾・霍姆斯（Oliver Wendell Holmes，譯按：美國著名法學家）在街上散步時，有個小女孩加入他的行列。當那個小女孩轉身回家時，這位鼎鼎大名的法學家對她說：「當妳媽媽問起妳去了哪裡時，告訴她，妳和奧利佛・溫德爾・霍姆斯一起散步。」

「好，」小女孩自信滿滿地回答：「那當你家人問你去哪裡時，告訴他們，你和瑪莉・蘇珊娜・布朗（Mary Susanna Brown）一起散步。」瞧，這就是擁有正面自我形象的人。

三、生命中的經驗：現在你可以選擇

從前從前，村民教導他們年少的牧羊人：「當你看見狼的時候，你要大叫『狼！』我們就會帶著槍和乾草叉去救你。」

隔天，牧羊少年正在放羊的時候，遠遠地看見一頭獅子。他大叫：「獅子，獅子！」但是沒有半個人前來。獅子殺掉好幾隻羊，他感到困惑又傷心。

「為什麼我大叫，你們都不來？」少年問村民們。

「在我們這一區沒有獅子，」老者回答：「你應該注意的是狼才對。」

這個牧羊少年學到寶貴的一課：**人們只會對他們準備好相信的事情有所回應**，而他們準備好去相信的事則是依據自己的經驗。

你是否也是這樣？回想一下童年的經驗。如果你曾經在運動方面得勝，它們很有可能成為你生命中重要的一部分。如果你很容易交到朋友，你很可能喜歡與人為伍。如果你曾經遭受忽略或被虐待，那會帶給你另一種型態的影響。

你所經歷每件事情的點點滴滴，都會塑造你這個人。

我們無法選擇生命中所有的經歷，這是事實，尤其是當我們還小的時候。但是，長大之後，我們卻可以擁有許多自主權。我們可以選擇結婚的對象，我們可以選擇工作，我們可以選擇去哪裡度假、去哪裡運動，還有要學習些什麼。那些擁有特別艱困過往的人，它們可以決定是否要積極追求正面的經驗，藉此來改善生活和思考的方式。我們無法抹去過往經驗，但是我們可以善用嶄新的經歷來重新打造自己。

四、面對過往經驗的態度與選擇：握有全然主控權

比起選擇我們的經驗，決定要用什麼態度面對那些經驗，則更為重要。前文曾提過，對於所經歷的事物，我們的控制權實在有限。然而，**對於態度，我們卻享有全然的主控權**。我們對未來的看

法是起是落，是充滿希望還是勉勉強強，是開放還是封閉，完全是我們自己的選擇。**或許，我無法改變外在所見周遭的世界，但是，我卻可以改變我內在的所見**。

我相信，態度是任何人都能做的第二重要的決定。（第一重要的決定是信念。）你的態度將會造就你或是摧毀你。成敗的因素並不在於你的出身、你的境遇，或是你的銀行戶頭。這一切完全出自你的選擇。（如果你發現這點很困難，或許你會想看看我寫的其他兩本書：《轉敗為勝》〔*Failing Forward*〕或是《態度——你的致勝關鍵》〔*The Winning Attitude*〕。）

五、朋友：深深影響著你

漫畫家查爾斯·舒茲（Charles Schulz）所畫的《花生》（*Peanuts*）連環漫畫中，有一則故事是這樣的：查理布朗（Charlie Brown）斜倚著牆，把頭埋在自己的臂彎裡，看起來垂頭喪氣的樣子。他的朋友露西（Lucy）靠近他。

「查理布朗，呃，又沮喪了？」

查理布朗根本沒答話。

「你知道你的問題出在哪裡嗎？」露西問道。她並不等待回應，就逕自宣布：「你全部的問題就是『你是你』！」

查理布朗說：「那，我究竟要怎麼辦？」

「我不會假裝我能夠給你建議，」露西回答：「我只是指出問題所在！」

如果查理布朗想要改善自己，或許結交個新朋友是個好的開始。選擇朋友是你所能做的最重要的事情之一。

為人父母，瑪格麗特和我總是小心翼翼地觀察孩子交往的朋友。我們知道，擁有良好性格、積極的人，會幫助提升我們的小孩；而擁有差勁個性、消極的人，會讓孩子墮落沉淪。我們總是將家裡營造成孩子和他們的朋友想要久待的環境，這樣，我們就可以觀察是誰在影響他們。

你最親近的人——特別是你的配偶——將會塑造你這個人。你是否曾看過，循規蹈矩的孩子和惹是生非的朋友在一起，不久就開始有問題？或是，你是否看過朋友或同事，當他花時間和能夠拓展他的心靈，激勵他成長的朋友相處，很快地就能在事業上獲得起飛？你選擇花時間共處的朋友，將會改變你這個人。作家和演說家「驚奇」瓊斯（Charlie "Tremendous" Jones）所言不虛：「今天的你和五年之後的你，兩者之間的不同處在於你花時間共處的人以及閱讀的書籍。」

你是怎樣的人，決定你看待別人的方式。你無法逃脫這個事實。

如果你不喜歡與人相處，這同時說明了你這個人和你看待別人的眼光。你的觀點正是問題所在。如果你是這樣的人，請不要嘗試改變別人，也不要把注意力集中在他人身上。因為，你自己才是焦點所在。**如果你能夠改變自己，成為你渴望成為的人，你看待他人的角度將會煥然一新**。如此一來，你所有人際關係中的互動也將隨之改變。

透鏡原理討論

❶如果要你概括地寫個聲明，描述人們和人類的天性，你會怎麼說？（花時間現在就做。）你的人生觀是樂觀的、懷疑的、遲疑的、冷漠的還是其他？關於別人怎麼描述你，你個人的看法是什麼？

❷你會如何描述自己的態度，大致上是正面或負面？（不要說自己是個現實主義者而閃躲這個問題。你傾向哪一邊？）你覺得自己的態度是資產，還是負債？你可以做些什麼來改善自己的態度？

❸回想一下你的童年。什麼樣的經歷特別形塑了你這個人的特徵？這些經歷激發你去信任或是猜疑他人？那時的想法對你成年後的人際關係，帶來什麼影響？如果那些經歷帶來負面的影響，你現在可以去追求何種正面體驗，來創造嶄新和正面的歷史？

❹你是否同意這句話：「今天的你和五年之後的你，兩者之間的不同處在於你花時間共處的人以及閱讀的書籍。」你認為還有什麼因素和這個說法同等（或是更加）重要？

❺思考一下你想要培養的個人特質，條列下來。現在，訂下成長計畫來發展這些特質。首先，在行事曆上空出時間，花時間與那些擁有你所渴望特質的人相處。再來，選擇每個月要閱讀的書籍，幫助你成長。

第2章

鏡子原理：人生戰役，第一個該檢視自己

應付那些很難相處的人，總是一個難題，
尤其是那個難相處的人恰巧就是你自己。

問問自己：我是否檢視過自己，並且為自己負責？

你是否認識這樣的人，他就是自己最大的敵人。當成功在望時，他總是自發性地短路，或是他總是無法保住工作？

這些人當中，有些人不乏擁有優秀的潛力，但是卻不斷地把自己搞砸。雖然如此，並不是每個有這種問題的人，在生命中都無法成功。有時候，「自己是最糟糕的敵人」這種人，當他慢慢地自我磨礪，逐漸改善和他人的關係，這些人也能夠成就大事。我相信彼特．羅斯（Pete Rose，前美國職棒大聯盟球員及總教練）就是這樣的人。

外在稱號改變不了內在本質

提到打棒球，很少人可以和彼特．羅斯相提並論。以下就是他在大聯盟職棒的戰績：

- 職棒生涯安打數最多（四千二百五十六支）；

- 出賽場數最多（三千五百六十二場）；
- 打擊數最多（一萬四千五十三次）；
- 左右開弓打者（Switch-hitter，譯按：可以用右手或左手打擊的打者）之中，壘打數最多（五千七百五十二次）；
- 超過兩百支安打的季數最多（十季）；
- 單一球季超過六百支打擊數的季數最多（十七季）；
- 國家聯盟（National League）生涯最高得分記錄保持者（二千一百六十五分）；
- 國家聯盟出賽年限最長（二十四年）[1]。

羅斯，這位兩度獲得金手套獎（Gold Glove，美國職棒大聯盟的年度個人獎項之一）的外野手，還贏得眾多獎項：他曾榮獲國家聯盟年度新人王（一九六三）、國家聯盟最有價值球員（一九七三），以及世界大賽最有價值球員（一九七五）等。[2]但是，當羅斯在棒球場上締造佳績的時候，他卻在生命中其他的領域裡墮落了。尤其是賭博一事，不但造成他私人生活的混亂，最後甚至有可能終結他的棒球生涯。

自從一九〇〇年代初期世界大賽（World Series）的簽賭醜聞以來，美國職棒大聯盟就一直設法把賭博趕出去。在美國大聯盟球隊的球員休息室裡，第二十一條（d）款規則總是公告在所有球員和教練都可以看見的地方。這條規則是這樣寫的：

任何球員、裁判、球隊或是聯盟的高層員工或雇員，倘若以任何金額簽賭任何棒球比賽，而簽賭者在下注的場次並沒有執行職務，將被判停權一年。

任何球員、裁判、球隊或是聯盟的高層員工或雇員，倘若以任何金額簽賭任何棒球比賽，而簽賭者在下注的場次執行職務，將被判終身停權。[3]

彼特．羅斯當球員的時候，肯定經過那則布告至少三千五百六十二次，因為這是他出賽場次的總和。當球隊經理的時候，他至少還多看了五百五十四次。[4]儘管如此，他還是簽賭棒球。就在二〇〇四年一月，經過長達十四年的否認之後，羅斯終於承認自己簽賭棒球，其中包括下注他自己的球隊：辛辛那提紅人隊（Cincinnati Reds）。

你看見自己的盲點了嗎？

一九八七年，當羅斯開始簽賭職棒時，他說自己「甚至沒有考慮後果」[5]。或許，這只是自然地讓他發展出「病態強迫性嗜賭」進程的下一步，雖然羅斯激烈地否認這個標籤。[6]但是，對於一個整年下注各式各樣運動競賽的人，儘管賭博很可能會摧毀他的生計，但他就是無法停止，不斷擲下令人咋舌的鉅額賭注。對於這種人，你還有什麼其他的形容詞呢？組頭羅恩．彼特斯（Ron Peters）曾作證說，單是簽賭棒球，而且只是一個球季而已，他就從羅根那兒拿到超過一百萬美元的賭金！[7]

羅斯看不出來自己變成什麼樣子？為什麼他無法遠離職棒簽賭？為什麼他可以超過十年持續地說謊，否認自己做過的事？他怎麼可以說他唯一的問題就是選錯朋友？他怎麼可以一再地說自己沒有問題？我相信這一切都是因為他把全部心思都擺在棒球上，以致於從未真正地攬鏡自照，從未好好地檢視他自己。

羅斯知道自己和其他球員不同，但是，他幾乎不曾停下腳步反省，這樣到底是好是壞。他說：「喬·摩根（Joe Morgan，羅斯的前隊友，現已是棒球名人堂〔HOF〕的成員）曾對我說，他為我感到遺憾，因為當結束棒球生涯後，在我的生命裡就沒有其他事情占據我的時間了。我從來不了解喬的思考方式。我總是認為他不像我這樣全力投入，他不像我這樣熱愛棒球比賽。哪一個頭腦清楚的人，會把其他事情看得比棒球還重要？」[8]

當羅斯在打棒球時，他的拒絕檢視自我並沒有因此損害他的職業生涯，儘管這樣破壞了他私人的人際關係。然而，當他停止上場時，問題就一一浮現了。羅斯說：

> 事後回想起來，我實在應該花些時間反省我的人生，想想曾經歷過的事和我要前進的方向。倘若我喜歡閱讀，我可以參考其他名人，看看他們退休後如何安排……我應該會打電話給迪克·巴克斯（Dick Butkus），問問這位榮獲天王般地位的美式足球球員，退休後有何感想……我應該會打電話給泰瑞·布萊德蕭（Terry Bradshaw，譯按：美式足球傳奇四分衛）……但是我從來不知道他們是如何安排退休生活的，因為我從來沒有跟他們說過話。

我從來沒有跟任何人聊過。這不是我的作風。[9]

在某次罕見的反省和真誠的自我評估中，羅斯歸納出他面對自己的方式：「在棒球史上，我很清楚自己的紀錄和定位。但是，我從不明白界線何在，我也沒有能力去控制這方面的生活。要我承認自己失去控制，這幾乎是不可能的任務。我清楚我應該享有的特權，但是，我卻沒有意識到自己應該負擔的責任。」[10]

在我看來，他還在掙扎，想要理解他的責任何在。如果你不喜歡反躬自省，這可不容易。

一生都得做一次——鏡子測驗

若是人們沒有意識到自己是什麼樣的人，便無法意識到自己的所作所為經常會傷害到和他人的關係。改變的方法就是——攬鏡自照。我們每個人都應該這麼做，這就是我所謂的「鏡子測驗」。我們應該了解自己，請想想看以下這些事實。

你第一個要了解的人，是自己——自我覺察

人類的天性似乎賦予我們能力去評估世界上所有人，卻不包括自己。彼特．羅斯一點也不清楚自己的形象，他有把自己當成受害者的傾向。羅斯形容自己是出自貧民窟的小孩，只有中等的運動

天賦，但力爭上游。他認為跟他所犯的過錯相比，自己受到的懲罰（被逐出棒壇）過重。[11]

然而，有些人天生就有自我覺察的能力。《多元智慧豐富人生》（*7 Kinds of Smart*）的作者湯瑪士・阿姆斯壯（Thomas Armstrong）指出，這些人擁有「人際的智慧」（Intrapersonal intelligence）。儘管如此，對大多數人來說，自我察覺並不是件簡單的事。這是一種過程，有時候很慢，需要自己刻意為之才行。

和自己和睦相處——自我形象

作家西德尼・哈里斯（Sydney J. Harris）觀察道：「如果你不能和自己自在地相處，你和別人相處時也不會自在。」我要更進一步地說，如果你不能信任自己，你終將破壞你的人際關係。

這幾年來，我一直傳授一個概念，叫做「瓶蓋定律」（the Law of the Lid），你可以在我的《領導力21法則》一書中看到。這個定律是這樣的：「領導能力決定一個人的效率高低。」我的意思是：假使你是一位差勁的領導者，不論你工作有多努力，你在專業方面只能達到有限的程度。倘若有個差勁的領導者，整個公司、部門，甚至團隊都會因此而受挫。[12]

在人際關係方面，自我形象也有相似的作用，這叫做「人際關係的瓶蓋」。**你的自我形象限定你建立健康關係的能力**，而負面的自我形象甚至會讓人遠離成功。對持有負面自我形象的人來說，就算有所成就，也無法維繫長久，因為他總是會把自己貶低到他所認定的低層次。彼特・羅斯對自己的高度自信，反倒彌補了他自我察覺的匱乏，讓他這方面的缺陷放慢了影響的腳步。

心理學家和《紐約時報》暢銷作家菲爾．麥格羅說：「**最重要的人際關係就是你和自己的關係。首先，你必須成為自己最好的朋友。**」[13]對於你不認識或不喜歡的人，你怎麼可能成為他們的「好朋友」？這是不可能的。這就是為什麼，發現自己是怎樣的人並且設法成為自己欣賞和尊敬的人，是非常重要的。

第一個造成問題的人，原來是我——自我坦承

喜劇演員傑克．巴爾（Jack Parr）說得妙：「回想過去，我的生命就像是一場大型的障礙賽，而我就是最主要的障礙物。」雖然他是在開玩笑，但是，對大部分人來說，他的話卻是事實。自己就是麻煩製造者，彼特．羅斯在這條路上並不孤單。我也有這個毛病：你也有。

對於我們大部分的問題，假使我們能夠踹踢那個應該負責任的人，我想我們可能好幾個星期都無法坐下了。救贖之道在於我們**樂意進行自我覺察，以及誠實面對自己的缺點、過失和問題**。

大學畢業後幾年，我和一位同窗相聚午餐。他跟我一樣，第一份工作是在小教堂當牧師。當我們用餐時，他開始跟我談起他教區的會眾。他說教堂理事會裡有個怪胎、委員會裡也有怪胎、某個他正在輔導的人也是怪胎，他很難跟這些人相處。在講到第五個怪胎後，我開始惱怒。我心想，如果你既不喜歡又不尊敬人家，你怎麼去領導他們？

我問他：「佛雷德（Fred），你想知道為什麼在你的教會裡，有這麼多奇奇怪怪的人嗎？」

他放下刀叉，很有興趣地說：「是啊，我真的想知道。」

「那是因為你自己就是其中最大的怪胎。」

他很震驚。或許我在這次的人際關係上處理得並不好，因為後來佛雷德並沒有多大興趣聽我解釋。但是，旁觀者清，佛雷德自己就是問題所在。過不了多久，他就換到另一個教會。而沒多久他就認為新教會裡同樣充滿了怪胎。

強森維爾食品公司（Johnsonville Foods）的總裁兼所有人拉夫．史戴爾（Ralph Stayer）說：「（直覺上）我很早就認清這個事實，我也經常就此自省。在大多數情況下，我自己就是問題所在。我的心願、我的願景、我的期望，成了我成功的最大阻礙。」如果你不想成為自己最糟的敵人，你必須切實審視自己。

永遠要先從自己開始——自我改進

指導研討會或是寫本像這樣的書，其危險就在於，人們會開始認定你是個專家，對於所傳授的內容已經嫻熟到極致。千萬別這麼想。像你一樣，我仍然持續地在自己的人際關係和領導技能上下功夫。在本書中，有些原則我做得並不好，所以還在改進中。而且，我會一直這樣做。因為，如果我自認不需要再成長，那麼，我就有麻煩了。

在西敏寺（Westminster Abbey，位於倫敦市中心西敏市區的大型教堂）的地窖裡，某位十一世紀的英國主教墓碑上刻著下列字句：

當我年輕自由的時候，我的想像力無遠弗屆，我夢想要改變世界。當我年紀稍長較有智慧的時候，我發現這世界並不會改變，於是，我把眼光放低一點，決定只改變我的國家。但是，結果還是一樣，國家依然不變如故。

當我日漸薄暮，我最後奮力一搏，只求改變我的家庭，和那些我最親近的人。但是，可悲啊，他們絲毫不為所動。現在，在我臨終之際，我突然明白：倘若我能先改變自己，接下來，我的家人會以我為模範跟著改變。藉著他們的啟發與鼓勵，我將有能力改善我的國家；接下來誰知道呢，我或許早就改變了這個世界。

那些遭遇人際關係困難者，習慣審視所有人來解釋問題，卻獨獨漏了自己。然而，**我們永遠都必須先從自己開始**，必須先有意願改善自己的缺失。評論家塞繆爾．詹森（Samuel Johnson）建議：「有些人對人類天性了解極少，這些人不想率先改變自己的性格，卻想要藉著改變其他的人事物來尋找快樂。然而，他們毫無益處的努力，終究只是白白浪費生命，還把悲傷加乘罷了。」

改變，從對自己負責開始——自我責任

在《領導團隊17法則》（*The 17 Indisputable Laws of Teamwork*）中，我寫到重要法則：「一個人的力量不足以成就偉大事業」。我真的相信，只靠一個人的努力，成就不了什麼意義重大的豐功偉業。儘管如此，我也相信，任何一項重要的成就始於某個人的願景。那個人不僅擁有願景，他也肩負把願景傳遞給他人的使命。

如果你想要讓這個世界有所不同，你必須先對自己負責。

人生所有重大戰役，都在自我展開

幾年前，我去紐西蘭舉辦一項研討會，投宿於基督城（Christchurch）的一間旅館。有天晚上，我感到口渴，於是開始尋找可樂販賣機。就在我遍尋不著時，看見一扇門標示著「員工專用」。於是，推門進去想要找找有沒有人可以幫我。我沒有看到任何旅館員工，也沒有發現販賣機，但是，我觀察到一個有趣的現象。就在我想重回走廊而推門走出時，發現門上有一整面的鏡子上印了幾行字：「好好地看一看自己，這就是顧客眼中的你。」那家旅館的管理階層用意是要提醒員工，他們必須先審視自己才能完成任務。

以上的原則對我們每一個人都適用。心理治療師薛爾頓．柯普（Sheldon Kopp）相信：「**所有重大的戰役都在自我裡面展開。**」當我們審視自己的時候，我們才會發現這些戰役是什麼。

然後，我們有兩種選擇。第一種，就像某個男人去看醫生，發現自己有嚴重的毛病。醫師解釋X光給他看，建議他動一個既痛苦又昂貴的手術，病人問醫生：「好吧，那請問你，如果只要修改一下這張X光片，你要收多少錢？」第二種選擇就是停止歸咎於別人，轉過頭看看自己，並且費盡心力解決問題。

如果你想要擁有更好的人際關係，那麼，請暫停一下，照照「鏡子」，開始自我改進。

鏡子原理討論

❶如果你問家人、朋友或同事，你有哪種習慣或習性對你弊多於利，他們會怎麼說？（如果你有勇氣的話，實際去問他們這個問題吧。）這些因素如何影響你的人際關係？

❷個人的反省要怎麼適用於鏡子原理？在我們的文化中，人們是否經常空下時間自我檢討？解釋你的答案。何時、何地、多久以及多頻繁，你會審視自己的個性，檢討你的習慣，並且批判你的習性？在這方面，你要如何改善？

❸你會如何形容自己？列出你的強項和缺點。你的生命總括來說，經歷的贏多還是輸多？你期待未來如何？你過去的經歷如何影響你的觀點和展望？

❹當今「自我價值」（Self-worth）這項運動，最為人詬病的一點就是，不管個人的個性或是績效，總是一味地鼓勵人們高度評價自己。為什麼要把自我形象建構在事實的根基之上，是非常重要的？你要如何守備自己，避免誤入不當驕傲的陷阱，同時卻擁有自信？

❺你在哪一方面，需要最大的成長進步？你是如何擔起這個責任的呢？你的改善計畫是什麼？你可有投入資源，把它列入你的行事曆中？如果還沒有的話，為什麼？你會如何去改善這部分？

第3章

痛苦原理：我們如何療傷，建立彼此關係？

「做你自己」是給別人最糟的忠告！

問問自己：我是否傷害別人，或是太容易被別人所傷？

在我職業生涯的早期，曾接受過一份領導某個教會的工作。那是個很好的機會，而且教堂位居宜人的小鎮。對我和瑪格麗特來說，那是段令人振奮的時光。

剛到達那個教會的第十天，就接到教區會眾湯姆寫來的一封信。

打開信閱讀後，我才發現信的內容正是我上個星期天第一次講道的打字稿。我很驚訝，倍感虛榮，居然有人花時間記錄我說的每個字。然後，我更仔細地閱讀那封信。整篇密密麻麻、充滿評論。湯姆用紅筆圈出我每個錯誤的文法，訂正每個講錯的字，並且鉅細靡遺地指出他認為講道內容中與事實不符的錯誤。

我雖然覺得怪，但是不怎麼擔心。我知道自己並不完美，也意識到我講話時偶爾會出錯。不過，因為我有健康的自我形象，所以這件事並沒有困擾我。又過了一週，我接到湯姆另一封信。同樣地，又是我上週講道的內容抄錄；同樣地，每個細微的錯誤都用紅筆標示出來了。

就在那時，我想我得見見湯姆，看看到底什麼事惹他煩心。

長達七年寫滿錯誤的「情書」

接下的那個星期天，我講道完畢後，立刻請人幫我指出誰是湯姆。我走向他、伸出手說：「嗨，我是約翰．麥斯威爾。」

一開始，湯姆只是盯著我看。終於他說：「哈囉，牧師。」就在那時，我意會到他並不想要跟我握手。接著，他轉身走開了。

再過幾天，你猜我的信箱收到什麼？又是一封來自湯姆的信。我開始把他的信叫做「情書」。每一週我都會收到他深入的評論。你猜猜看我收到湯姆的情書有多久？整整七年！那段期間，他從來沒有主動和我握手。我嘗試要和他產生連結，但是他可不希望跟我有什麼關係。只有一個共通話題讓他願意跟我講話。我們家的小孩是領養的，他家也是，所以他願意和我討論孩子的事。不過，他還是熱絡不起來。

後來，我和一位資深牧師共進午餐時，和他提起湯姆、每週收到的情書以及我沒辦法贏得湯姆的心。牧師朋友看著我說：「約翰，你知道嘛？受苦的人會傷害別人。」這句話使我恍然大悟。他繼續說：「**當有人說了或做了什麼傷人的事，你必須深入表面下，找出潛藏的原因。**」

之後，我用全新的角度看待湯姆。我開始尋找他痛苦的原因，並且再度嘗試與他連結。終於有一天，當我試著與他更深入交談時，他發表聲明，明白地指出問題所在。他說：「千萬不要相信牧師。」後來我才發現，原來湯姆曾經擔任某座教堂的執事，受到牧師的苛刻。從那時起，他就判定牧師都不是什麼好東西，千萬不能信賴牧師。

了解問題之後，我才能著手贏得湯姆的信任。這需要很大的努力，但是，當我接下另一份職務離開蘭卡斯特（Lancaster）時，湯姆已經克服了對我的不信任，我們成為朋友。他不僅樂意與我握手，還喜歡給我那種溫暖的大熊般擁抱。那個時候，他已經老早就不寫情書給我了。

痛苦，如何幫助你和別人相處？

想要真正領會「痛苦原理」，並且讓它幫助你與別人相處，你需要牢記以下四個事實。

一、的確，很多人正在受苦

我們不需要成為精神科醫師才看得出來，如今的社會很多人正遭受著創傷。專欄作家安・蘭德斯（Ann Landers）斷言，每四個美國人之中，就有一個身心失衡。（她還說，我們應該看看身邊最親密的三個朋友，如果他們看來還好的話，這代表我們自己就是失去平衡的那一個！）

當然，有很多人正在受苦，並不是什麼新鮮事。十九世紀的哲學家叔本華（Arthur

Schopenhauer）將人類比喻為豪豬，在嚴寒刺骨的冬夜裡擠在一起：

> 當屋外變得愈來愈冷，我們靠得愈來愈近以便取暖；但是，當我們靠得愈近，我們卻用尖銳的硬刺讓彼此受傷更深。最後，就在地球寂寞的冬夜裡，我們開始向外漂離、獨自流浪，凍死在自己的孤寂裡。

叔本華相當悲觀。和他不一樣，我相信每個人都有希望。但是同時，我們對於人們也不能一無所知，太過天真。這世上有很多很多人正在舔拭深處的傷口。

二、而受傷的人經常傷害別人

德國詩人赫曼・赫塞（Hermann Hesse）寫道：「如果你討厭某人，那就表示，那人令你討厭的特質在你身上也有。那些不屬於我們自己特質的東西，並不會困擾我們。」我同意他的觀點。**當受傷的人發動攻擊時，這其實更多是他們對內在發生事情的回應**，而非對外在的回應。他們感受到或是深信自己內在存有負面的東西。

問題就出在，對自己沒有信心的人永遠不會成功，而且他們還會把周圍的人拖下水，讓別人也無法成功。

在我早期的牧師生涯裡，我做了很多輔導諮商，這個重責大任最後交給我的同工，因為我的性格實在不怎麼適合。但是，在那些年間，我輔導過很多受苦的夫妻，觀察到他們之間的互動通常都依循著特定的模式。

在情緒方面，有一方會一直「吐出來」；然後，另一方會「忙著清理」。我發現這種現象一再地重演。通常，受傷最深的人對別人造成的傷害也最大。

三、他們也經常被別人所傷，過度反應、過度保護自己

受傷的人不但傷害別人，他們也容易被別人傷害。我的朋友凱文．邁爾斯（Kevin Myers）是這麼解釋的：如果有人手指頭扎進一根刺，卻任由這根刺留在那裡，那麼，他的手指一定會腫脹感染。這時候，倘若別人僅是輕輕觸碰到他的手指，這個人肯定會痛得哀嚎：「你把我弄痛了！」但事實是，問題並不是出在那個無辜去碰到手指頭的人。而是那個手指帶刺的人，他放任自己的傷口不去處理。

情緒上的痛苦也有相似的作用。**受傷的人過度反應、過度誇張並且過度保護自己**。他們同樣過度影響他人，我的意思是，他們掌控整個關係。湯姆的例子就是這樣。他的舊傷口就是他與前任牧師懸而未解的衝突，卻從來沒有拔掉那根「刺」，好讓傷口癒合。就是因為他仍在受苦，整整七年，他阻擾我們的關係成長。事情總是如此，人際關係的發展總是被較不健康的人所阻礙。

當你與人互動的時候，請記住這一點：任何時候，如果某人的反應大過議題本身，他的反應幾乎都是與其他的事有關。

四、受傷最深、最頻繁的，往往是他們自己

有個老掉牙的笑話，有位「萬事通」先生每天早上都會和朋友在車站等通勤列車，他總愛對朋友大放厥詞、訓誡不休。每次當「萬事通」講話的時候，總會用手指頭戳他朋友的胸膛。這樣當然讓他朋友坐立難安。終於，朋友下定決心要制止他的行為。

隔天，在去車站的路上，這位朋友遇到第三個朋友，他說：「我已經受夠了那個萬事通老是喋喋不休，戳我胸口。今天，我要給他一個教訓。」

「那你要怎麼做呢？」第三個朋友追問。

他打開外套，露出胸膛綁的三根炸藥。「今天如果他再戳我，」他微笑地說：「他的手就會被炸掉。」受苦的人經常這樣。或許他們會傷害到別人，但是受傷最深、最頻繁的，往往是他們自己。詩人喬治．赫伯特（George Herbert）聲明：「**那些不能原諒他人的人，把前方自己要過的橋給弄斷了。**」

面對受傷的人，我們怎麼辦？

作家格倫．克拉克（Glenn Clark）建議：「如果你想前進得又遠又快，請輕裝上路。卸下你所有的羨慕、嫉妒、記恨、自私自利和眼淚。」那些傷口尚未痊癒的人，很難做到這一點。結果是，他們的行為和反應都與健康的人不一樣。

健康的人……	**受傷的人……**
更樂意去改變	較不樂意去改變
更樂意承認失敗	較不樂意承認失敗
更樂意探討問題	較不樂意探討問題
更樂意向他人學習	較不樂意向他人學習
更樂意去解決問題	較不樂意去解決問題
能夠輕裝旅行	背負許多包袱行囊

假使你發現自己正與受苦的人相處，總會碰到這種情況，那麼，我建議你熟讀以下事項。

不要認為他是針對你來的

受傷的人即使沒有受到任何冒犯，他們還是會找到代罪羔羊。當你知道自己沒有做錯事，記住，**別人說你什麼並不重要，重要的是要相信你自己**。

你可以因他們所受的痛苦表示遺憾，也可以憐憫他們所處的境況，但是，你應該嘗試別把他們的攻擊放在心上。這樣或許很難——甚至對擁有健康自我形象的人來說，也是很難做到——但還是值得努力去試。

更深入了解他，找出問題癥結

就像我對湯姆所做的，你可以嘗試跳脫這個人、跳脫他傷人的行為，試著找出到底是什麼原因造成他的痛苦。就算你無法找出問題的根源，這個計畫將會幫助你用更大的包容心來與他相處。

跳脫情境思考

你是否曾經有打電話告知別人壞消息的經驗？你很躊躇害怕，倒不是因為必須傳達壞消息，而是因為懼怕話筒另一端那人的反應？

在上一週，太太和我就得打這樣一通電話。那個週末原本已經計畫好了，但在最後一秒鐘事情卻發生變化。我們得要打電話通知某個朋友，他會因為這個變化而有負面的影響。我們討厭打這個電話，並不是因為這個消息有多壞，而是因為那位朋友在情緒方面並不是很堅強，他的反應總是很糟糕。

在這種情況下，**試著不要專注在當時的情境**。你只要記住，你所遭遇的並不重要，重要的是你的內心發生了什麼事。請試著從別人製造出來的情緒混亂漩渦中，跳脫開來。

不要加添他們的痛苦

許多人天生傾向硬碰硬地以火力對抗火力、以痛苦對抗痛苦。但是回擊正受著傷的人，就好像踢一個落魄的可憐蟲一樣。政治家法蘭西斯·培根爵士（Sir Francis Bacon）說：「此事千真萬確，若一個人滿腦子只想要復仇，他的傷口永遠會像剛剛受創那樣，原本那傷痕早就可以治癒、復原良好的。」如果有人猛烈攻擊你，最好的方法就是原諒他，然後繼續前行。

幫助他們得到援助

對於一個受傷的人，你所能做最仁慈的事就是試著幫他們獲得協助。有些人並不想要好好地處理他們的問題，當然，你也無法強迫他們接受幫助。但是，你總可以伸出友誼之手。或許這需要很長的時間，就像我對湯姆一樣，然而，就連那種極端尖刻的人也有回心轉意的例子。

療傷？快速修復不是方法

在本章一開始的問題：我是否傷害別人，或是太容易被別人所傷？如果你回答「是」，那麼，你需要回答第二個問題：我是否準備解決這些難題，並且掙脫痛苦的綑綁？這就是關鍵所在。

大多數人都只想要「快速修復」，讓他們當下可以獲得止痛解憂。這就是為什麼有些人選擇去發動攻擊，這樣可以讓他們獲得暫時的抒解。有些人則利用酒精、食物、性愛或是其他東西好減輕痛苦的感受。但是，就像我朋友凱文．邁爾斯所說：「**如果你想要好起來，你需要的不只是快速修復而已，你得要好好地鍛鍊健身才行。**」

尋求健康情緒的人，他們不會指望暫時性的抒解而已，他們會尋找正確途徑。你怎麼知道自己是哪種類型的人呢？那些尋求快速修復的人，一旦痛苦或是壓力減輕，便不再努力解決問題。而那些尋求身心健康的人，即使困擾已經遠離，仍然持續做對的事，不斷地改進自己。

挖掘你的舊傷和情緒問題，往往需要專業諮詢師的幫助，還可能弄得你滿身腥，但這一切都是值得的。我最近讀到一篇故事就是極好的比喻。

一九九五年三月，康乃狄克州沃特敦（Watertown）的「新英格蘭管理清理公司」（New England Pipe Cleaning Company），正在麻薩諸塞州里維爾市（Revere）的街道底下工作，清理一條十英吋的排水管。工人們發現許多導致水管堵塞的尋常物品。不過，他們也發現很多其他東西：六十一個戒指、古錢幣和銀器。壞消息是，這些工人得做這種討人厭的工作；好消息是，他們獲准保有在清理過程中發現的值錢物品。

如果你的人際關係處理槽全都「阻塞不通」，同樣需要挖掘、讓管道暢通。你或許也會面對一些令人作嘔的東西。但，獎賞是你可能發現寶物，甚至以前完全不知道這些寶物的存在。在你辛勤工作結束之後，就可以發展出人際關係的健康能量。

痛苦原理討論

❶ 你對叔本華的「豪豬比喻」有何看法？你認為這個比喻精確地表示出我們對待彼此的方式嗎？你是否有更好的描繪或是比喻呢？

❷ 如果我們討厭自己某一點，而這一點別人身上也有，我們很容易對別人產生負面反應。你同意這個論點嗎？請解釋。

❸ 你覺得把某人帶給你的痛苦，和這個人或是情境區分開來，是很困難的事嗎？請解釋你可以運用什麼有效的策略，來加以克服？

❹ 大致上來說，你屬於那種不是存心去傷害別人的人，還是你比較容易被受傷的人所傷？請解釋。

❺ 對於那些正在受苦的人，你要如何保持你的憐憫包容，同時不會讓他們繼續陷在痛苦中，或是把它一古腦兒全都傾洩在你身上？受苦的人在哪裡可以獲得幫助？請解釋要用何種微妙卻有效的方式，來讓受苦的人得到幫助。

第4章

鎚子原理：不要用鐵鎚拍打別人頭上的蒼蠅

倘若你想贏得這世界，把它融化，不要用鎚子重擊。
——亞歷山大・馬克拉倫（Alexander MacLaren）

問問自己：別人會不會說我對小事反應過當？

我和瑪格麗特是在一九六九年六月結的婚，就像大多數夫妻一樣，我們天真地以為婚後會一帆風順。當然，過不了多久，我們就發現身處在各式微不足道的爭執中。所有夫妻都曾經歷這些，特別是在剛適應婚姻生活的時候。

就像大部分人一樣，我認為幾乎每一次都是我對，而且我會讓瑪格麗特明白這點。我一向很會講話，也很有說服力，所以，我會運用這方面的技能來贏得每次的爭論。我們從來不會彼此大吼或尖叫，總是很理性也很克制，但是，我總是會確認自己是最後的贏家。問題是，用我的方法，瑪格麗特總是得輸。

在剛結婚的前兩年，我們做過很多對的事情，但是不包括這一項。在未察覺的狀況下，我緩慢但準確地在情緒上打擊瑪格麗特。

當我們意見不同時，我總是反應過度，不知不覺中我又在彼此的牆上砌起另一塊磚。我沒有了解到的是，不計任何代價去贏，最後很可能會危害我們的婚姻。後來有一天，瑪格麗特讓我坐下來，告訴我當我們爭執時她有什麼感覺，並且向我解釋這對我們的關係帶來什麼影響。那是我第一次明白，我把「贏得爭論」看得比「贏得關係」還要重要。

從那天開始，我決心改變，了解到「擁有正確態度」遠比「擁有正確答案」重要。我軟化手法，更專注傾聽，並且不再把小事變大。還好來得及，我們之間築起的高牆漸漸倒下，開始搭起橋梁。從那次之後，每當我和關心的人發生衝突，我總是刻意努力去開啟彼此的連結。

先把鎚子收起來！試試四T原則

讓我們面對這個事實。有些人因為個性，即使還有其他較溫和的方式，他們還是習慣拿起鎚子，給別人重擊。他們就像下則漫畫裡的凱文（Calvin）一樣。

我必須承認，有時候我很像凱文，雖然我並不喜歡這樣。當我忍不住想要使用那種殺傷力過強的手法時，我會嘗試用以下的四T原則來緩和行為。如果你發現自己正處於這種狀態，你可以考慮接納這四T。

一、全景（Total Picture）：別急著下結論

有個中年人走進雞尾酒吧，他往前詢問酒保：「有沒有什麼東西可以治打嗝？」酒保二話不

說，彎腰往吧台下方撿起一條又溼又破的抹布，啪啪啪地用抹布摑了他好幾個巴掌。「嘿！搞什麼？」那個中年人震驚地說。

酒保露出微笑。「你看，沒有打嗝了，對吧？」他問道。

那人回答說：「我從來不打嗝的，我只想要找點東西來治好我太太。她在外面的車子裡。」

在問題還沒有完全攤開前，你是否很早就驟下結論？對我們這種具有強烈性格的人來說，這種事經常發生。這就是為什麼我會訓練自己遵循一套程序，避免別人的問題還沒問完，我就急忙地用答案鎚打他們。

當某人和我分享他的觀點時，我嘗試……

聆聽、

問問題。

再聆聽、問更多問題，

再聆聽。

然後，回應。

我發現倘若放慢腳步，自己比較容易耐心和恰當地做出回應。

二、時機（Timing）：把建立關係當首要

我最近讀到一句引言，據說是出自作家丹・札卓（Dan Zadra），「你做了什麼，比你什麼時候做的，來得重要。」這個論點並非永遠都對。倘若將軍在錯誤的時候發動進攻號令，戰役必輸無疑。倘若父母沒有及時把受傷的小孩送往醫院，小孩可能會喪失生命。倘若你沒有及時向被你誤會的人道歉，你們的關係可能就此結束。

「何時行動」與「採取正確的行動」一樣重要；甚至知道「何時不要行動」也相當重要。著名的社交女主人和作家桃樂絲・納維爾夫人（Lady Dorothy Nevill）觀察道：「**談話的真正藝術不只是在正確地點說正確的話，還得克制自己，在受蠱惑時不要把錯的話說出口。**」

前休士頓火箭（Houston Rockets）總教練——凱文・麥克海爾（Kevin McHale），曾是波士頓塞爾提克隊（Boston Celtics）顛峰時期的傑出隊員。他在塞爾提克隊時的教練瓊斯（K. C. Jones），是怎麼形容他的：

> 每次輸球，或是某人在快結束時投籃不中，他總是第一個走來、拍拍那人的背說：「不用擔心，我們下次會贏回來。」但是，如果你做得很棒，他卻從來不會走向你表示什麼。於是，有天晚上我問他，他回答：「凱文，如果你贏了一場漂亮的籃球賽，有一萬五千人會為你歡呼，電視臺會爭相訪問你，每個人都會跟你擊掌慶賀。那時候，你並不需要我。只有當你覺得沒人喜歡你，這個時候你才需要真正的朋友。」

在我看來，人際關係中，時機不對的原因通常是因為自私的動機。（如果你家有幼兒，想想看他們挑選的時機通常很糟，因為他們總是只想到自己。）因此，當我們被小事困擾時，一定要把個人盤算的事項暫放一旁，**把建立關係當成首要的目標**。

假使你已經檢視過自己的動機，並且確認這些動機是良善的，那麼，你得問自己兩個關於時機的問題。

第一，**我預備好要面對了嗎**？這個問題很容易回答，因為它取決於你是否有做好功課。第二個問題比較難：**對方是否預備好聽你說話**？如果你已架好彼此關係的基礎，並且你們都不在「戰鬥的沸騰點」上，那麼答案可能是肯定的。

三、語氣（Tone）：影響對方的回應

有個單親媽媽有兩個小孩，一個五歲、一個三歲，這個媽媽老是在對抗這兩個孩子的髒話問題。她試過各種方法讓他們停止說髒話，還包括帶他們去看兒童心理醫師。

經過好幾個月的挫敗，她心想，「用巧克力利誘沒有效，對他們的行為視而不見也沒有用。現在他們還變本加厲。所以，我要用以前我的兄弟說髒話時，媽媽對待他們的方法，來對付這些小傢伙了。」

隔天早上，哥哥起床了。他一踏進廚房，媽媽便說：「親愛的，今天早餐想要吃什麼？」

他抬頭說：「只要給我那些!@#*&%!老牌Wheaties的燕麥片就可以啦。」

媽媽聽完後在廚房把他打得滿場亂飛，他的三歲弟弟看到這一幕嚇呆了。弟弟從來沒有看過這種場面。然後，媽媽看著弟弟問：「那你早餐想吃什麼？」

弟弟瞪大眼睛、看著媽媽，「嗯，妳可以用妳的#@*&打賭，我才不想吃@#*&%燕麥片！」

通常，人們回應的是我們的態度和動作，而不是我們所說的話。很多無關緊要的衝突發生，是因為人們用錯說話的語調。《聖經》〈箴言〉的作者說：「回答柔和，使怒消退；言語暴戾，觸動怒氣。」[1]你有沒有發現這句話是真的？倘若沒有，你可以做這個試驗。下次如果有人怒氣沖沖對你說話，請用溫柔和仁慈的態度回應他。只要這樣做，那個口出惡言的人即使沒有立刻軟化，他的態度也會逐漸緩和下來。

四、降溫（Temperature）：以三十秒為基準

當脾氣爆發的時候，人們往往在用個彈弓就能夠解決的事情上，投下炸彈。這樣做會帶來很多麻煩，因為你處理問題的方式會讓問題愈滾愈大，或是愈變愈小。

一般來說……

如果你的反應比局勢還糟糕，問題通常會增大。

如果你的反應比局勢還和緩，問題通常會減小。

這就是為什麼我要遵循這條自律的準則，我把它稱為「責罵原則」：「**花三十秒去表達你的感**

覺，然後結束。」任何時候若我們讓小事變大（反應時間超過三十秒），就是在使用鎚子。

在這方面，瑪格麗特和我持續地給予彼此幫助。當我們兩個孩子還小、仍住在家裡時，遇上我們需要和他們面對面談話之際，通常會運用一個策略。我倆會並肩坐在沙發上，握住彼此的手來和孩子談話。假使我們其中一個火氣太大或是反應過度，另一個就會輕輕地掐一下對方的手心以示警告。幾年來，在使用溫和方式會比較適當的情況下，這個策略總是讓我們避免用言詞來「鎚打」孩子。不過，我們的手掌倒是常常被掐得發痛瘀青！

把你的鐵鎚換成絲絨手套

有些人似乎認為「鎚子原理」適用於任何事或所有的事。我想你可以說他們採取了「鐵鎚式」的人生態度。在高成就人士中，我最常看到這種態度。當他們集中注意力在某件事情上，他們就會火力全開、向前衝刺，對工作來說，這往往是個好方法。然而，如果用這種方式來對待人們，那簡直糟糕透頂。

正如心理學家亞伯拉罕．馬斯洛（Abraham Maslow）所觀察的：「如果你手上僅有的工具是一支鎚子，那麼你會傾向於將每個問題都看成是一根釘子。」你需要更明智地去對待人們才行。如果你渴望與人接觸時身段放軟，請把以下幾項建議放在心上。

讓過去留在過去

兩個男人正在抱怨他們的太太。第一個男人說：「每次吵架的時候，我太太就變得超有歷史派頭（Historical）。」

他的朋友回答說：「你的意思是歇斯底里（Hysterical）吧？」

第一個男人回答：「不是，我是說歷史派頭。她總是提醒我，我做過的每一件錯事。」

當問題發生的時候，當下就解決。解決之後，不要再提起。如果你一再翻舊帳，你就是把對方看成一根釘子。

自問：我的反應是否也構成問題的一部分呢？

就像我在「痛苦原理」中所說，當一個人的反應大過問題本身，這個反應肯定是另有根源。不要反應過度，免得把問題擴大。

記住，你說的話很快被忘記，但你的行為卻會被長久牢記

如果你有高中文憑或大學學位，你會記得畢業典禮致詞人的演講內容嗎？或是，如果你已婚，你能夠憑記憶把當初婚禮誓詞背誦出來嗎？我猜這兩個問題的答案都是否定的。但是我敢確定，你絕對會記得你結婚了，你也會記得自己拿到了文憑。

你所選擇的言詞或許早就被人遺忘，但是人們卻會長久記得你對待他們的方式。請據此行動。

不要把情勢看得比關係更重要

我相信，若沒有把「和瑪格麗特的關係」擺在「每件事都要爭輸贏」之前，很可能我們早就離婚了。人際關係的基礎，就在彼此間的連結契合。關係愈重要，彼此的連結就愈大、愈堅固。我們將在「情勢原理」一章中，更深入探討這一點。

用無條件的愛，對待所愛

現今社會有許多心靈受創和不健全的個體，所以，很多人從來不知道什麼叫做無私的愛，他們沒有模範。

在《飛行》（*The flight*）裡，約翰．惠特（John White）表達出他的觀點，就是我們生命中重要的人被我們不當地對待：「因為不愛他們，所以我們會說他們的閒話。當我們真心愛他們，我們不會去批評他們。倘若我們愛他們，他們的失敗會讓我們傷心難過。我們不會到處去宣傳所愛之人的罪過，正如我們不會到處宣傳自己的罪過一樣。」

承認錯誤並且請求原諒

根據報導，芝加哥黑幫老大艾爾．卡彭（Al Capone）曾經這麼說：「仁慈話語再加上一把槍的威力，遠勝於單靠仁慈話語。」儘管這句話挺幽默的，不過我可以告訴你：寬恕更好。承認自己的錯誤並懇求別人原諒，這樣足以彌補很多過錯。當你發現自己拿的是鎚子，而不是絲絨手套的時候，你也可以運用這個堪稱最佳方法之一，嘗試讓局面好轉。

當你閱讀本章的時候，某個朋友或是同事可能會在你腦海中浮現，而你可能會想：「我知道某某需要這個。」先暫停一下，不要急著拿走他手上的鎚子。你的第一要務應該是先審視自己。

問題在於，**大多數手握鎚子的人，他們可能並不知道自己有這種習慣**。高階領導者的教練——馬歇爾·葛史密斯（Marshall Goldsmith），在某篇文章中說了個故事。

一位績效卓著的投資銀行家——邁克（Mike），因為老是揮舞著「鎚子」，葛史密斯應邀前來幫助他。邁克覺得自己是「華爾街的驍勇戰士，在家裡則是柔順的小貓咪」。葛史密斯請邁克打電話給他的太太，確認一下他的自我評估是否貼切。讓他大吃一驚的是，他太太說他在家裡也是個混蛋。而且在他的小孩對他太太的評論加以肯定後，邁克終於開始正視別人眼中的自己。

葛史密斯建議：「讓你的同事拿著鏡子，告訴你他們看到什麼。如果你不相信他們，找你所愛的人和朋友再試一次。」[2]這麼做的話你會明白，究竟你是把人當人，還是把人當成釘子來對待。如果是後者，你得做些改變才行。

鎚子原理討論

❶在什麼情況下，你最想要用鎚子而不是絲絨手套？為什麼會這樣呢？你可以預期這種情況在何時會發生，並且加以改變嗎？

❷有些人天生就傾向於縱覽全景；其他人則專注於細節。你是哪一種人呢？你要如何改進自己這方面的能力，看出事情的前因後果，而不讓自己驟下結論？

❸想想看誰是運用「絲絨手套」的大師。他或她的人際關係那麼好，成功的祕訣何在？在哪些方面，你可以向他學習？

❹你如何定義「無條件的愛」？毫無條件地去愛別人時，會遇到多少阻礙？一個人要如何毫無條件去愛人，卻同時保有自己在個人與專業領域的高標準？

❺當別人向你認錯並且道歉時，你的內心會有什麼樣的感覺？這個道歉的舉動，如何影響你們往後的關係？如果道歉會產生正面的效果，那麼為什麼我們總是不情願去做？我們要如何克服自己的不情願呢？

第5章

電梯原理：這樣做，決定人際提升或沉淪

人們可以是我們翼下的風，也可以是我們船上的錨。

問問自己：別人會說我讓他們提升，還是拖他們沉淪？

在一九二〇年代，身兼醫師、諮詢師和心理學家的喬治．克蘭恩（George W. Crane）開始在芝加哥的西北大學（Northwestern University）教授社會心理學。

雖然他還是教書的新手，不過對於人性，他卻已經鑽研甚深。而且他有堅決的信念，要把心理學變成學生們實用的生活科學。

在他最初講授的某堂夜間課程裡，學生們都比一般大學生平均年齡還要大。白天，這些年輕的男女在芝加哥的百貨公司、辦公室以及工廠裡上班，晚上則上課進修，嘗試提升自己。

有天晚上下課，一位剛從威斯康辛州某小鎮搬來芝加哥當公務員的年輕女士——路易絲（Lois），向克蘭恩吐露，她覺得孤立又寂寞。「除了辦公室的幾個女孩子以外，我完全不認識任何人。」她難過地說，「每到晚上，我關進自己的房間寫信回家鄉，日復一日。讓我活下去的唯一企

盼，就是接到威斯康辛州的朋友寫來的信。」

針對路易絲的問題，克蘭恩想出這個點子，他把它稱叫「讚美俱樂部」，並在下週上課時向全班宣布。那個學期，他指定了幾項實習作業，這是第一個。

「每一天，無論你是在家裡、在公司，或是搭電車、巴士時，都要應用你所學的心理學，」克蘭恩告訴他們，「你們第一個月的書面作業就是『讚美俱樂部』。每天，你要對三個不同的人說句誠懇的讚美。如果你願意，也可以增加次數，但是要達到及格標準，必須連續三十天、每一天都要讚美至少三個人……三十天的實驗結束後，就你的經驗寫一篇文章或報告。」他繼續說著，「包括你觀察到周圍人們有什麼改變，還有自己的人生態度有些什麼變化。」[1]

開始實驗：每天讚美三個人

有些學生抗拒這項作業，有些抱怨他們不知道該說些什麼；而有的學生害怕被拒絕，還有些學生認為去讚美他們討厭的人是不誠實的。有人問：「假設你遇到自己討厭的敵人，還去讚美他，這樣不是很虛偽嗎？」

「不會，讚美你的敵人並不是偽善行為，」克蘭恩回答：「因為，你的讚美是根據對方客觀的特質或是優點而來，這些是值得被讚美的，你只是誠實地陳述出來而已。你會發現沒有人是完全一無是處的……對於那些幾乎已經準備好要放棄掙扎、不再做好事的寂寞心靈，你的讚美很可能會鼓舞他們的士氣。**你永遠不會知道，隨口而出的讚美會在哪個關鍵時刻，及時接住一個男孩或女孩、男人或女人，就在他們正在墜落、打算要放棄的危急時刻。**」[2]

克蘭恩的學生發現，他們誠摯的讚美帶給周圍的人極其正面的影響。而且，這個經驗對他們自己的影響更大。

路易絲蛻變成一位真正的人際高手，當她踏進任一處，那地方立刻斗室生輝。另外有個學生，因為有個特別難相處的老闆，本來已經決定辭掉法務祕書的工作，也試著開始稱讚老闆（雖然剛開始她是咬牙切齒說的）。

最後，老闆不但改變之前對她惡劣無禮的態度，她對他的憎惡不滿也煙消雲散；結果他們變得真心喜歡對方，還共結連理。

現在看來，喬治．克蘭恩的「讚美俱樂部」或許有點老派。但是，無論是在今天或是一九二〇年代，它背後的原理還是一樣正確堅固。

重點是，克蘭恩所教的就是我所稱的「電梯原理」：在人際關係中，我們可以提振他人，也可以令人沉淪。

克蘭恩教學生要主動出擊。他說：「這個世界渴望被欣賞，它渴求得到讚美。但是總有人得先起頭，總有人得先開口，向同伴說好話。」[3]他的確擁抱了班傑明．富蘭克林（Benjamin Franklin）這句話的精髓：「正如我們必須為自己所說的每一句廢話負責——我們也必須為自己每一次無意的緘默負起責任。」

你是支撐者還是倚賴者？

長久以來，心理學家總是嘗試把人們區分成各式各樣的類別。有時候，觀察力敏銳的詩人還做得比較好呢。以下是艾拉．惠勒．威爾考克斯（Ella Wheeler Wilcox）的詩作〈你是哪一種人？〉（Which Are You?）：

今日世界 有兩種人；就只有兩種人，沒別的了，我說。
既不是罪人也不是聖人，因為大家都清楚，善中有惡、惡中有善。

既不是富人也不是窮人，因為要衡量一個人的財富，
你得先了解他良心以及健康的狀態。

既不是謙卑也不是驕傲，因為在生命的短暫瞬間，
那些裝腔作勢、虛假的架子並不算數。

既不是快樂也不是憂傷，因為光陰紛飛，
總會為每個人帶來歡笑，也捎來淚光。
都不是；我的意思是這世界有兩種人，

一種是支撐者，一種是倚賴者。

無論你去哪裡，你都會發現這世界眾生，
總是分成這兩種類別而已。

奇怪的是，你也會發現，我覺得，
一個支持者要對應二十個倚賴者。

你是哪一種呢？對那些負荷過重的支撐者，
當他們步履維艱地奔忙於途，你可有減輕他們的重擔？
或者你是個倚賴者，讓別人扛起你的擔子，又憂心照料？[4]

這些都是我們必須自問的問題，因為我們如何回答對我們的人際關係影響甚鉅。我認為威爾考克斯是對的。有些人增添他人的價值，支撐別人、減輕別人的負擔；有些人減損他人的價值，只想到自己，使別人沉淪。

在此，我要更進一步。在人際關係方面，我相信因提振他人或是使人沉淪的力道強弱，可以將人們區分為以下四種類型。

一、有些人為生命增添——我們喜歡他們

在這世界上，有很多人渴望幫助別人，這些人是「加分者」。他們讓其他人的生活更快樂、更愉悅。他們就是威爾考克斯所寫的支撐者。布道家慕迪（D. L. Moody）勸告人們：

盡己所能地行善，
盡己所能地寬待所有人，
盡己所能地用盡各種方法，
盡己所能地持之以恆。

慕迪是位加分者。增加別人價值的人通常都是刻意用心去做。我之所以這麼說，是因為增加別人的價值需要慷慨地奉獻自己，而這點偶然發生的機率很少。我很努力去成為加分者。我喜歡與人相處，想要幫助別人，而且成為別人的朋友是我的目標。

最近，有一位大公司的執行長邀請我到他公司演講領導力。我向他的決策階層傳授訣竅，並為經理級主管主持了一系列的研討會，因而贏得他的信任。所以，他想要為我做點事。

某天我們坐在他的辦公室，他說：「約翰，我喜愛你幫我們做的事。現在我可以幫你什麼？」

「什麼都不用，」我回答，「你不需要為我做任何事。」當然，這家公司已經支付我演講酬勞，而且整個經驗非常愉快。他公司的人員聰明敏銳，而且一心渴慕學習。

「哦，拜託！每個人都有想要的東西。你想要什麼？」他說。

「嘿，每個人都需要個沒心眼的朋友吧？那種毫無所求的朋友？」我看著他的眼睛回答。「我只是想當個沒心眼的朋友。」

他莞爾而笑，「好吧，你就是我沒心眼的朋友。」這就是我一直努力想達成的目標。作家法蘭克．泰格爾（Frank Tyger）說：**「友誼的要素包括樂意傾聽的耳朵、善體人意的心靈，以及伸出的援手。」**這正是我想要帶給朋友的。

我的外甥特洛依（Troy）大學畢業後，搬來和我們同住，那時他將到一家貸款公司上班。他很聰明，工作又賣力，而且想要成功。

我們也想幫助他，所以在他剛赴任時，給了以下建議：

- 早出晚歸，做比別人期望的還要多。我建議他提早三十分鐘到辦公室，只用午休的一半時間吃午餐，比規定時間晚三十分鐘下班。
- 每天都為周遭的人做點事。我建議他藉由增添同事們的價值，來增進團隊的價值。
- 準備好為老闆付出額外的努力。我告訴他和老闆單獨會面，讓老闆知道，只要他需要任何額外的幫助，不論多麼卑微瑣碎，他都可以幫忙。這意味著他得加班，或是在週末工作。

我的用意是教導特洛依，讓他成為「加分者」。而特洛依也不負所望，大大地增添周遭人們的價值，也增進公司的價值。所以他很快就獲得拔擢，不到三十歲，就已經升到高階位置。

二、有些人從生命裡拿取——我們容忍他們

莎士比亞（William Shakespeare）在劇作《凱撒大帝》（*Julius Caesar*）裡的人物卡西烏斯（Cassius）說：「朋友就該容忍他朋友的缺點，但是布魯特斯（Brutus）卻放大我的缺陷。」這就是「減分者」所做的事。他們不但沒有分攤我們的重擔，還加重原有的負荷。令人難過的是，這些減分者通常都不是故意的。如果你不知道如何增添別人的價值，那麼，你很可能會因故而誤入「減分」歧途。

在人際關係中，接受是容易的，付出卻困難得多。這就好比建立和拆毀某物之間的區別。要製造一張漂亮的椅子，需要花費一位技藝卓越的工匠許多時間和精力。但是，你不需要任何技巧就可以在瞬間砸毀它。

三、有些人為生命加乘——我們看重他們

任何人只要願意都可以成為「加分者」。你只需要有鼓舞人們的渴望，並且用心貫徹始終。這就是喬治·克蘭恩想要傳授給學生的事。然而，在人際關係中，如果你想達到更高境界——成為「加乘者」，你必須刻意去努力、運用策略、擁有嫻熟的技能才行。一個人擁有的天賦和資源愈大，他就愈有潛力成為一名加乘者。

我很幸運。在我的生命裡有很多加乘者，這些人天賦異稟，他們想要看到我成功，像陶德·鄧肯（Todd Duncan），瑞克·高德（Rick Goad）以及湯姆·穆林斯（Tom Mullins）。他們每個人都

有獻身的精神，在各自的領域都是頂尖高手。他們重視合作關係，總能激發出絕佳的點子。而且他們懷有熱忱，想要有所貢獻。他們幫助我，讓我的眼光更加敏銳，把我的力量推到極致。

在你的生命裡，或許也有這種人，他們全心全意幫助你成功，而且他們的技能精湛，隨時樂意在過程中助你一臂之力。如果在你的生命裡也有這種加乘者，請停下你手邊的工作，花點時間打電話或寫信給他們，讓他們知道他們對你生命的意義有多重大。

四、有些人從生命裡掠奪——我們避開他們

雷杜恩紐（R. G. LeTourneau），這位發明多種重型推土器械的發明家說，公司曾經製造某種叫做「Model G」的刮泥機。某天，有個顧客問銷售人員，G代表什麼意思。這個銷售員，就像許多從事銷售業的人一樣，反應非常機靈，他回答說：「G代表說閒話（Gossip），就像那些愛搬弄是非的人一樣，這臺機器可以搬動大量的塵土，又多又迅速！」

「分化者」就是那些把你「拖到地下室」的人，意思就是他們會竭盡所能地把你貶得愈低愈好、次數愈多愈好。他們就像某個公司總裁一樣，他交代人事主管：「搜尋全公司，找出謹慎敏捷、積極上進，可以接任我位置的年輕人；當你找到人的時候，把他辭退。」

「分化者」和「減分者」不同，他們擁有強大的破壞力，因為其負面的行為通常都是故意的。他們加害別人，讓其他人表現得比自己糟糕，使他們看起來比較優越，或是感覺比較好。結果是，這些人摧毀人際關係，在別人的生命中製造災難。

鼓舞者的力量，你可以這樣提升他人

我相信，每個人內心深處，就連那些最負面的人，都想要成為鼓舞者。我們都想為別人的生命帶來正面影響。而且，我們是做得到的。

如果你想要提振人們、增進他們生命的價值，請牢記以下幾點。

決心每天鼓勵他人

羅馬哲學家塞內卡（Lucius Annaeus Seneca）觀察道：「只要有人的地方，就有機會作善事。」如果你想要提振他人，請遵循喬治．克蘭恩的建議，每天都要鼓勵別人。

鼓舞者明瞭傷害和幫助之間細微的差別

你每天所做的小事，或許會帶給別人連你都意想不到的重大影響。用微笑取代皺眉，可以讓別人整天都有好心情。一句仁慈話語足以提升士氣，而批判攻訐卻可以拖垮心靈。

藉由你每日的所作所為，**你有能力改善或是破壞他人的生命**。那些你最親近的人——你的配偶、小孩或父母，最容易被你的言詞或行為所影響。

請明智地運用這種力量。

在負面環境中，鼓舞者發動正面的事

在一個正面或是不好不壞的環境下，正面的行動是一回事；然而，在負面環境下採取正面行動以扭轉情勢，又是另一回事了。但是，這就是鼓舞者嘗試去做的。有時候是一句仁慈話語，有時候需要獻身服務，偶爾還需要創造力。

美國開國元老富蘭克林在其自傳中提到，他曾在負面環境下請別人幫個小忙，因此成功地建立正面連結。一七三六年，州議會正考慮是否任命富蘭克林擔任州議會祕書的職位。只有一個有利人士反對這項提名，他討厭富蘭克林。

富蘭克林寫道：「我聽說他的圖書館裡有一本珍稀藏書，於是我寫信給他，表達我想要一窺堂奧的願望，請求他是否可以幫忙、借我那本書。」對方受此奉承，極為喜悅，便把那本書借給了富蘭克林。自此，他們兩個成為終生的好朋友。

鼓舞者了解生命沒有彩排，不能重來

我十分喜愛這句摘錄：「我期待經歷這世界，就只有這麼一遭。因此，對於我的同伴們，我可以做的任何好事或是可以表露的任何仁慈，促使我現在就做。讓我不要耽擱也不要忽視，因為此生我只走一回。」[5]

鼓舞者不用等到明天或是「更好的」日子才來幫助別人。他們當下立刻行動！

每個人都有能力成為提升別人的人。你不需要有錢，不需要是個天才，不需要萬事具備，**你只**

要真心關懷他人，並且發動提升的行動。

在人生旅程中不要放任時光流逝，而怠於提升他人。現在就開始去做，你既有的關係將會改善，並將開啟許多正面的新關係。

繼續下一步之前，讓我們來複習這些人際原則，好讓自己準備就緒：

- **透鏡原理**：我們是怎樣的人，決定我們如何看待別人；
- **鏡子原理**：我們第一個要檢視的人就是自己；
- **痛苦原理**：受傷的人會傷害別人，也容易被他人所傷；
- **鎚子原理**：千萬不要用鐵鎚去拍打別人頭上的蒼蠅；
- **電梯原理**：在人際關係中，我們可以提振他人，也可以令人沉淪。

電梯原理討論

❶ 倘若沒有刻意努力增加別人的價值，是否會自動變成一個「減分者」？為什麼呢？「加分者」和「減分者」最大的不同在哪裡？請解釋。

❷ 為什麼人們會變成「分化者」？是否他們無法原諒別人？（喬治．赫伯特說：「那些不能原諒他人的人，把前方自己要過的橋給弄斷了。」）成為分化者，是否是個永遠不變的選擇？在家或是工作場合，你有哪些行動被視為導致分化的？未來，你要如何避免類似行為？

❸ 你是否同意，有些小事就足以鼓舞或是貶低他人？小事如何影響孩童？父母是否必須負責鼓舞孩子，或是訓練他們更加堅強？請解釋你的觀點。如果你已為人父母，你自己比較常鼓勵小孩或是比較常訓誡他們？如果改變你的作風是有益的，你要如何改善？

❹ 倘若不說話，一個人如何提升或是貶低他人？一個人的臉部表情如何能鼓舞他人，或是讓人氣餒？你如何形容你自然的臉部表情？其他人如何形容你的臉部表情？你要如何讓它更加誠摯，更加鼓舞人心？

❺ 「加分者」和「加乘者」最大的區別在哪裡？是否每個人都可以成為加乘者？請解釋。你是否經常加乘別人生命的價值？你必須做什麼，讓自己成為更好的加乘者呢？

第二部

展開連結：翻轉視野，把焦點放在他人身上

朋友都是從陌生人變來的。

——卡倫·海沃特（Cullen Hightower）

每個人都想要與他人連結。不論是老是少、是內向或外向、富有或貧窮、飽學之士或未受教育，所有人都有這種渴望。連結的需要有時候是出自對愛的欲求，但在感到寂寞、需要被接納、追求自我實踐，或是想要在商場上致勝時，這種種原因也都極易驅動人們與他人連結。

要如何滿足我們對於關係的渴望？用什麼方法開始最好？換句話說，我們要如何才能產生連結？答案是，我們必須把焦點從自己身上挪開，放在我們想要建立關係的對象身上。

這就是連結的問題：「我們是否願意把焦點放在他人身上？」如果你想要增進與人連結的成功機率，你需要了解並且學習以下六項人際原則：

- **宏觀原理**：全世界的人口，除了一個小小的例外，都是由他人所組成；
- **交換原理**：與其嚴詞責備異己，不如站在他們的處境上設想；
- **學習原理**：我們遇到的每一個人都有可能教我們某些事；
- **魅力原理**：人們對那些對自己感到興趣的人，也會產生興趣；
- **滿分原理**：相信人們最好的一面，通常真的會激發出他們最好的表現；
- **對抗原理**：關懷應該先於對抗。

第6章

宏觀原理：拋開自己，重新聚焦看世界

一個人學會不為自己而活，才算開始真正活著。
——愛因斯坦（Albert Einstein）

問問自己：我是否很難把別人放在自己之前？

如何才能改變人們的觀點，並且幫助他們在生命中首次得見人生全景？有時候是踏入婚姻，有時候則是離婚時刻，或是小孩出生時。重點是，人們需要了解，這世界並不是以自己為中心。

最近，我讀到一篇有關女演員安潔莉娜・裘莉（Angelina Jolie）的故事。一個劇本，促使她全然改變生命的觀點。在一九九九年，以電影《女生向前走》（*Girl, Interrupted*）裡的角色，贏得奧斯卡最佳女配角獎的裘莉，原本很可能淪為荒唐人生的樣版人物。

身為演員強・沃特（Jon Voight）和瑪絲琳・貝唐（Marcheline Bertrand）的女兒，裘莉從小在好萊塢長大，並沉溺於種種極端放縱中。人們叫她「野孩子」。

眾所周知，她嗑藥，張狂暴戾，有時還做出一些自毀的行徑。她認為自己一定會在年紀輕輕時死掉。「有段時間，我毫無目標，覺得自己一無是處，」裘莉說：「我想很多人都有那種感覺——想要自殺或嗑藥，或是讓自己完全麻痺，因為你沒辦法阻絕這種感覺。或者你就是覺得很糟糕，但你不知道這種感覺從何而來。」[1]

在電影方面的成就對她的幫助並不大。「我總是覺得喪失平衡，」裘莉承認，「我記得生命中最沮喪的時刻之一，是在我獲得成功，財務安定下來，並且談戀愛之後。我想：『他們都說我擁有一切快樂的條件，但是，我就是快樂不起來。』」[2]

一個劇本，改變她的生命觀點

後來，她讀了《戰火情人》（*Beyond Borders*）的劇本，這故事是關於某個在上流社會，過著優渥生活的女人。她才發現，世界上居然有這麼多的難民和孤兒深陷悲慘困境。裘莉回想著：「我的內心真的想要了解這個電影想表達什麼，世界各地這些人，這些被錯置的人，還有戰爭、饑荒和難民。」[3]整整一年，她和聯合國的工作人員同赴世界各地。「我得到最好的生命教育，徹底地改頭換面。」她說。

她探視各地的難民營，足跡遍及獅子山共和國（Sierra Leone）、坦尚尼亞（Tanzania）、象牙海岸（Côte d'Ivoire）、柬埔寨、巴基斯坦、納米比亞（Namibia），以及泰國。她的看法完全改觀。她明白，**這整個世界是由其他人構成的**，而很多人身處悲慘境界，她能夠幫助這當中許多人。

當聯合國難民署（Office of the UN High Commissioner for Refugees）邀請她擔任二〇〇一年的

親善大使時，她高興地接受這個任務。而且，開始捐錢幫助難民和孤兒，其中包括捐贈給聯合國難民計畫的三百萬美金。（她說她演電影賺了一大筆「笨錢」。）[4]而且收養了一個柬埔寨的孤兒，梅鐸斯（Maddox）。曾經，《價值》（*Worth*）雜誌把她列名為全世界最有影響力的二十五位慈善家之一。據估計，她幾乎把自己收入的三分之一捐做慈善用途。[5]

裘莉的新觀感說明一切：「你可能明天就會死去，你拍過幾部電影，得過一些獎——這些都不代表什麼。但是，如果你建學校或是養育小孩，或是做有益於人們的任何事，那麼你的感覺就會變好。生命也會變得更好。」[6]為什麼她會有這種感覺？因為她終於有了宏觀視野。她不再把焦點放在自己身上，開始把他人擺在自身之前。

拋開自己，從此每件事都不一樣

如果你想要與人們共創勝利人生，起點就是：**拋開自己，以他人為優先考量的能力**。這是建立人際關係最基本的原則。我知道這聽起來或許很像一般常識，然而，並非每個人都擁有宏觀視野，也不是每個人都能夠實踐無私的情操。事實是，有太多人的行為正像搖搖學步的幼兒一樣。經由以下這封廣為流傳的電子郵件，可以很清楚地表達出這些人的觀點：

如果我喜歡它，它就是我的。

如果我可以把它從你身邊帶走，它就是我的。

如果我以前擁有它，它就是我的。
如果我說它是我的，它就是我的。
如果它看起來像是我的，它就是我的。
如果它帶給你歡樂趣味，它鐵定是我的。
如果你把它放下來，它就是我的。
如果它破掉了，它就是你的。[7]

那些沉溺在自我中心、只願意服務自己的人，總是很難與別人好好相處。他們需要宏觀角度，來幫助他們打破這種生活模式，而這有賴於以下三項條件：

一、洞察：把眼光看遠

那些欠缺洞察力的人，就像查爾斯．舒茲的連環漫畫《花生》裡的露西一樣。有一則漫畫是這樣的，露西正在操場盪鞦韆，查理布朗唸書給她聽：「這裡寫說，地球每年繞太陽旋轉一次。」

露西立刻停下來回答：「地球繞太陽轉？你確定？我以為地球是繞著我轉的。」

當然，缺乏洞察力往往指的是更微妙的事情。我知道自己就是這樣。在我當牧師的早期生涯裡，領導他人時，我總是不斷地自問：「這些人如何能幫助我？」我想要運用別人，幫助達成自己的目標。經過好幾年之後，我才明白，我把順序弄顛倒了，我應該問的是：「**我能如何幫助這些**

人？」一旦開始這麼想，我不僅能夠幫助別人，同時我也得到幫助。

我學會了作家和管理專家威廉・吉範（William B. Given Jr.）所觀察到的：「當你自私自利地追求自我利益的時候，你只有一個幫手——你自己。而當你幫助十二個人解決他們的問題時，你已有一打的人手和你並肩奮鬥。」

大多數的時候，我們憂慮的都是大圖片中的一小點。許多年前，南加大（USC）的前任足球總教練——約翰・馬凱（John McKay），在他的團隊剛以五十一比零的懸殊比數，慘遭印第安納州的聖母大學隊（Notre Dame）羞辱後，馬凱走進更衣室，看見整團被擊垮、筋疲力盡、萬分沮喪的年輕球員，他們還不習慣輸。他站到板凳上說：「伙伴們，讓我們用這個觀點來想。這世界上，有八億的中國人甚至還不知道有這場比賽。」

全世界——除了一個極小的例外——都是由他人構成的。而且這世上大部分的人並不認識你，永遠也不會。而大部分你認識的人很可能比你有更多需要，比你有更多問題。你可以選擇忽視他們、只顧自己；或是你可以超越自己，學習把別人擺在優先位置。

二、成熟：不要再用三歲的想法

在寫這本書的時候，我的孫女漢娜（Hannah）和麥蒂（Maddie）正好三歲。我剛和她們度過美好的感恩節假期，看她們玩耍和幫她們做事都是很大的樂趣。但是，我有一點必須說，當我們在一起時，她們從來沒有一次問過我：「爺爺，我可以幫你做什麼嗎？」就三歲的孩子而言是還好，如果是三十歲的大人可就不妥了！

我們總是期望，隨著年紀漸長，我們也會愈加成熟，但事實上，有時候卻只不過是馬齒徒長罷了。有種態度是這樣的：「為了節省時間——就照我的方式來看。」這種態度可能會一輩子跟著某人，除非他下定決心去對抗。

身兼作家和諮詢師的鮑伯·班福德，寫了一本相當好的書叫《人生下半場》。它的論點是當人們到達中年，很多人開始焦躁不安，因為他們想要尋求生命中更大的意義。他把這段時間定義為「中場時間」。他說，多數人在人生的下半場都選擇和上半場做同樣的事——還做得更多。然而，成功的中場關鍵在於，盤點你的存貨，專注在自己的強項領域，把「對別人付出」當成目標。

鮑伯利用下列兩張圖形容中場前和中場後的不同態度：

上半場的自我很狹隘，下半場的自我很寬廣。上半場的自我向內蜿蜒，把自己纏得愈來愈緊；下半場向外延展，把自己從動彈不得、緊緊纏繞的彈簧中舒展開來。

狹隘的小圈圈裡只有你一人。基本上，它疏離、孤獨，還是病態的個人主義。而大圈圈裡是完整的，因為它與某種超越的特質緊密相連。自我超越有長腳；它跑得遠又能跑完全程。8

鮑伯所形容的是真正的成熟。真正的成熟就是了解世界並不是繞著自己旋轉，真正的成熟在於擁有縱覽全景的宏觀能力。

三、責任：「別人」比「我」更優先

或許你已經觀察到，對一個不負責任的人，婚姻其實可以放大他這方面的缺陷。比起那些已婚或是已為人父母者，沒有小孩的未婚人士擁有較多的自由。任何踏入婚姻的人，若是期待保有和單身時相同程度的自由，那麼，他將把自己的婚姻推向險境。

要經營成功的婚姻，雙方伴侶都要負責任才行。當彼此不再問：「我的配偶能幫我做什麼？」而是開始負起責任問：「我能為配偶做什麼？」時，這樣的婚姻關係才開始邁向成熟階段。

在領導力方面，對人們也有類似的要求。當一個人首度接下領導的擔子時，他會暴露出他的成熟度以及責任感的強弱。不負責任的領導者總是一副「我優先」的態度，他們利用自己的職位之便為私人謀福利。相對地，負責任的領導者，他們的態度總是「別人優先」，他們運用自己的職位來服務人群、擔當責任、以身作則、把功勞歸給他人，並且改善關係。好的領導者了解，為了團隊的成功，他們必須把別人擺在優先位置。

離開、重新聚焦，才能張開視野

如果你想要縱覽全景，把別人擺在優先位置，你可以做以下這些事來強化能力。

離開自己的「小小世界」

小時候，我在俄亥俄州長大，對這世界了解並不多。所以，當我還是年輕小伙子時，我對生命的看法相當狹隘。我記得當時自己認為，無論環境為何，每個人只要努力打拚就能夠獲得成功。後來，我前往某個開發中國家旅行，看到許多人比我更加勤奮努力工作，但還是無法逃脫貧窮。**當我的世界擴大後，我的思考也跟著開始轉變**。

想要改變焦點，便需要跨出自己的小小世界。如果你對人們的觀點太過狹窄，你可以去那些從未去過的地方，結識那些你從未接觸過的人，還有做那些你從未做過的事。這樣一來將會改變你的觀點，正如它們帶給我的影響一樣。

檢查你的焦點

你是否曾經花了很多時間和某位超級自大的人聊天？從好的方面來看，這種人從來不會花太多時間論人長短。（或許是因為在談話中，他們總是「深陷在自我當中」！）而壞處是，如果你不想聽有關他們的事，你很快就會覺得無聊厭煩。**對於自大的人，與其說他們滿腦子想的都是自己，倒**

不如說他們太不關心別人，這樣形容還比較貼切。

我們經常誤以為愛的相反是恨，但是，我認為這並不正確。愛他人的相反應該是「以自我為中心」。如果你總是聚焦在自己身上，你將永遠無法與人建立正面關係。

了解充實人生的必備條件

終究，你需要別人的加入才能享有充實的生命。完全以自我為焦點的人，總是會覺得不得安寧、無法滿足。提倡廢止奴隸的改革家亨利・瓦德・畢奇爾（Henry Ward Beecher）曾說：「自私的人最容易受到蒙蔽欺騙。」這是事實，因為自私的人硬生生地把自己和生命中最重要的元素——人們——隔開。

如果你想要過充實豐盛的人生，便需要擁有健康的人際關係。而要建立健康的關係，你必須超越自己。擁抱並實踐「宏觀原理」，並且提醒自己，世界上全部的人口，除了一個小小的例外，都是由其他人所組成的。

宏觀原理討論

1. 在生命的哪個階段，大多數人會開始學習去顧及別人？哪些事件最容易驅動我們把他人擺在第一位置？對於那些會誘發出「利他思想」的人生課題，如果某人想要迴避，會有什麼後果？倘若一個人在晚年的時候，仍然把焦點、時間和精力完全集中在自己身上，會有什麼樣的情況發生？

2. 「自大的人」和「自信的人」最大的不同在哪裡？為什麼自大總是不受歡迎？為何自信討人喜歡？你覺得「自大」和「缺乏自信」這兩者之間有無關連？請解釋。

3. 描述你的旅行經驗。哪些地方和你自己的環境相似？你是否到過與你的文化背景截然不同的地方？哪個特定的地點讓你覺得最不自在？為什麼呢？你在那裡旅行時，有從那地方學到任何東西嗎？未來你想要去哪裡旅行？為什麼？

4. 你如何定義「充實」？倘若沒有任何有意義的人際關係，一個人還能過充實的生活嗎？請解釋你的觀點。你的觀點是否會影響到在與人建立關係時，投注心力的多寡？

5. 思考一下生命中最重要的幾段關係。你是否於其中展現出適當的成熟度以及責任感？假使沒有的話，你要如何努力導正？你自己應該要做些什麼改變，讓你日後的行為更恰當？

第7章

交換原理：四個方法，消除八〇%人際衝突

有時候，當你不吐不快、嚴厲地批判別人時，
你反而會失去自己內心的平靜。

問問自己：我是否嘗試用別人的角度來看事情？

從一九九六年開始，我就透過自己創辦的非營利機構「美國事工裝備」（EQUIP），向國內外的基督教領導者傳授領導竅門。這帶給我極大的喜樂，我相信這個機構的成果，將會成為我一生中最重要的貢獻。在當時，每個成員齊心努力達成目標：二〇〇八年，培育和訓練一百萬名領導者。

我傳達的訊息在菲律賓受到良好的回應。剛開始在那裡授課時，我的學生幾乎都是菲律賓的牧師或是其他基督徒的領袖。後來，我的書和其他教材漸漸地從基督徒圈擴散至商業界。關於這點我並不訝異，因為在美國以及數個非洲國家早就發生過類似的情形。我訝異的是，竟連菲律賓政府也對我教授的領導學感興趣。

菲律賓的內政部長聯絡我，政府想要送給當地每位市長一本我的著作——《領導力21法則》。後來，又說他們也想要送給每個市議員一本。想到我書中的觀念可以分享給那麼多有影響力的人，實在

讓我覺得惶恐謙卑。我很高興地應允他們的請求。

二〇〇三年一月，我受邀拜訪當時的菲律賓總統艾若育（Gloria Macapagal-Arroyo）。對我來說，這是很大的殊榮。我發現總統很敏銳，充滿熱忱，而且聰明過人。（她擁有經濟學博士學位）。我們談論領導，令我又驚又喜的是，她拿出一本已磨損不堪的《領導力21法則》。她告訴我，她運用它來帶領閣員。她花了點時間提出一些有關領導力的問題，我們還討論了書中的種種觀點。那次經驗十分愉悅。

不為自己加碼、轉換角度的總統

當時間接近尾聲時，我決定告訴她一件令我印象深刻的事。在世界各地旅行時，我觀察到很多開發中國家的領袖都會利用他們的人民。有權力的人剝削沒有權力的人，在那些獨裁者統治的國家，這種傾向最為嚴重。然而，這種現象幾乎在每個地方、每個領導層級中都會發生：國家愈貧窮，權力濫用愈猖獗。

我和總統分享我的觀察心得，並且告訴她，我看過很多領導者利用他們的職位為自己加碼獲益，而不是為他人謀福利。我還說：「我覺得妳好像真誠地想要增加別人的價值。」

「喔，是的，」她回答：「我唯一的目標就是要幫助我國人民。我考慮只做滿一屆任期，這樣我才能專注在服務，而不是專注在政治上。」根據我所見所聞，她的確在增添他人的價值，而且服務得很好。

成功可以帶來很多東西：權力、特權、名聲以及財富。但是，不論成功帶來什麼，選擇總是伴隨著成功到來。我們如何去運用這些選擇，將會透露出我們的性格。有錢的人可以運用他們的資源讓別人受益，或是自己中飽私囊。有名的人可以運用他們的知名度，樹立良好的品格模範，或是自私地服務自己。領導者可以做出影響他人的正面或負面決定。他們擁有主控權。

事情的核心在於，**人們是否渴望運用自己的力量，把他人放在他人的位置上，或是設身處地、把自己放在他人的位置上來著想**。我相信艾若育總統嘗試用人民的觀點看待事情，而她也依此準則去行動。

教育家和農業化學家喬治・華盛頓・卡佛（George Washington Carver）做了絕妙的觀察：「你的生命有多成功，取決於你是否溫柔對待幼者，慈悲對待長者，同情抗爭者，容忍弱者和強人。因為在你的生命裡，你都將一一經歷。」我們對別人的觀感，決定了我們對待他們的方式。問題是，以他人的角度來設想，這種能力並非天生就具備。以下就是我對「交換原則」的發現。

看待他人要像看待自己一樣

入選國家棒球名人堂的漢克・格林伯格（Hank Greenberg），在底特律老虎隊（Detroit Tigers）的球員生涯結束後，轉往克里夫蘭印地安人隊（Cleveland Indians）擔任球隊經理。在某個非球季時，他寄出合約給每位球員簽名。幾個禮拜過後，格林伯格收到一位球員寄回尚未簽署的合同。他發了通電報給這位球員：「你接受合約的時候太匆忙，忘記簽名了。」隔天，這位球員以電報回覆：「你給我加薪的時候太匆忙，寫錯金額了。」

我們看自己和看別人的方式並不相同。人們理所當然地會根據自己的用意來看待自己，卻根據別人的行為來衡量他們。或是像詩人亨利．朗費羅（Henry Wadsworth Longfellow）所說：「我們根據自認擁有的能力來評斷自己，而別人卻根據我們的所作所為來評斷我們。」

很自然地，我們會用最正面的角度看待自己。只要對自己誠實，這樣也沒什麼不好。但是，像我們對待自己一樣，我們也應該給予別人相同的肯定。

什麼方法可以消除八〇%的人際衝突？

在人際關係方面，大多數我們經歷過的衝突就像下面這則笑話所描繪的一樣，我們沒有用別人的角度看事情。

有個乘坐熱氣球的男人，發現自己迷失了方向。他降低高度，看到下方有個女人。他把高度降得更低，大聲喊著：「對不起，妳可以幫我嗎？我答應朋友一小時前要跟他碰面，但是我不知道自己現在在哪裡。」熱氣球下方的女人回答：「你正在熱氣球裡，離地面約三十英尺處盤旋。你現在位於北緯四十度和四十一度之間，以及西經五十九度和六十度之間。」

「妳一定是工程師。」熱氣球上的男人說。

「我是，」女人說，「你怎麼知道？」

男人回答說：「妳告訴我的每一件事在技術上完全正確，但是，我不知道如何運用妳的資訊。事實上，我還是不知道方向。坦白說，妳實在沒幫上什麼忙。妳只是耽誤我的時間罷了。」

下方的女人則回答：「你一定是管理階層的人。」

「我是，」男人回說：「但妳怎麼知道？」

女人說：「你不知道自己在哪裡，也不知道要往何處去。靠著大量的熱空氣，你上升到一定的高度。你承諾別人，但是不知道怎麼遵守諾言，還期待下面的人解決你的問題。事實是，你現在正處在遇到我之前同樣的位置，但現在可好了，你卻設法把過錯推到我身上。」

你是否發現自己經常和別人起衝突，原因是出在你有你的觀點，而他有他的看法？想想看，如果你已經結婚，那你不就持續面對潛在的衝突，因為男人和女人天生看待事情的角度根本截然不同？如果你有小孩，是否很多爭執的起因是因為他們沒有照你的想法？就算在一個良好的工作環境中，每個人的看法也不是完全契合。（只要記住這點：在和老闆爭論前，好好地看看兩邊——他那邊和相對的另一邊。）說真的，我相信假使人們能夠努力**以別人的角度看事情**，那麼，八〇％的人際衝突都會消弭無形。

我們總是忙著責備，忘了設身處地

我在某本行銷雜誌上讀到這則說法：「如果你想要賣東西給張三，那你就得用張三的眼光來看張三。」這個概念簡單到讓我們覺得根本不足為奇，然而，很多人並沒有實行。

他們忙著責備對方，卻忘記轉換位置，設身處地去著想。

四大方法，讓你成功轉換位置

要如何才能轉換位置，設身處地以別人的角度看待事情？請開始依照以下方法實踐！

一、離開你的「地盤」，拜訪他的「地盤」

要避免踩到別人的腳趾頭，最好的方法就是站在別人的立場設想。一九三〇年代，美國航空（後來由American Airways改名為American Airlines）公司面臨一個很嚴重的問題——旅客不斷抱怨行李遺失。那時候的總經理拉莫．科恩（LaMotte Cohn）嘗試讓每站的經理解決問題，卻沒什麼進展。最後，他想出一個方法，幫助公司的員工以顧客的角度來看問題。

科恩要求全國各地的分站經理飛到公司總部開會，然後，他設法讓每位經理的行李在運送過程中發生遺失。這次事件之後，該航空公司在行李運送方面的效率突然大大地躍升。

你要如何把自己放在別人的位置上呢？銷售大師亞特．摩特爾（Art Mortell）提供了這個高見：

我喜歡下西洋棋。每次在下棋時，如果我居於劣勢，我會不斷站起來，站在對手背後，從他的位置來看整盤棋。然後我就會發現自己的棋步有多愚蠢，因為從他的觀點來看是一目瞭然的。所有銷售人員的挑戰就在於，用潛在客戶的眼光來面對這個世界。[1]

盡你所能地試著改變你的觀點。聆聽別人的顧慮；研究他們的文化或職業；理解他們的興趣領域；或是實地探訪他們的地盤——他們的家、辦公室、鄰近地區，或是他們所在的那一區。你可能會很訝異，這樣做會大大地改變你的思考模式。你也可能會發現，就像杜魯門總統（Harry Truman）所說：「當我們了解對方的觀點……了解他嘗試要做的事……十次有九次，他想做的都是對的。」

二、承認別人也有妥善的見解

每個人的信念系統和個人經歷都是迥異而複雜的。就算你努力嘗試以他人的觀點看事情，仍然會有意見不同的時候。這倒沒有什麼關係。我的觀點不會因為它是我的就一定正確，如果我能夠**鍛鍊自己找出別人觀點後面的正當邏輯，我的思考方式便得以擴展**。正如法學家奧利佛．溫德爾．霍姆斯所言：「一旦新觀念拓展了我們的心靈，它就再也不會回復到原先的樣子。」

三、檢查你的態度

要以他人的觀點、設身處地著想，態度至關重要。通常，對於你不特別關心的事，從兩方的均衡觀點來看十分容易。但是，對於你期望從中受益的事，這樣做就困難得多。因為，你很容易想要照著你的路子走，而非與他人建立連結的橋梁。重點是，你是否有意改變。當你不想改變時，就會吹毛求疵，找出對方的歧異；而當你樂意改變時，你會異中求同，找出彼此共通點。

四、問問別人：如果他們是你，會怎麼做？

「交換原理」的關鍵在於同理心。當你對別人的觀點產生同理心，你很容易和對方產生連結。為什麼呢？因為他們知道你真的關心。有時候，**直接詢問**是最簡單的連結方法。

我讀到一個很滑稽的故事，若是你漏掉「詢問」這個看似理所當然的動作，會發生什麼樣的後果。有三個兒子離家闖蕩，他們做得很好，賺了很多錢。有一天，這群彼此較勁的兄弟們聚在一起，討論各自送給母親的禮物。

大兒子說：「我為媽媽蓋了一棟大房子。」

二兒子說：「我送給她一輛賓士，還附司機。」

「我把你們兩個都打敗了，」三兒子說。「你們知道媽媽非常喜歡《聖經》，也知曉她的眼睛不好、看不清楚。我送她一隻會朗誦全本《聖經》的棕色鸚鵡，總共動用二十名修道院的修士，花了整整十二年的時間來教這隻鸚鵡。我得擔保連續十年之間每年都要奉獻十萬元，他們才肯訓練牠。不過，這樣還是值得的。媽媽只要說出章節名稱，那隻鸚鵡就會開始背誦。」

過了不久，他們的母親寄出謝卡。她給大兒子寫道：「米爾頓（Milton），你蓋的房子好大。我只住在其中一間房間，但卻得打掃全棟房子。」

給二兒子她寫著：「馬帝（Marty），我太老沒辦法出外旅行。我整天都待在家裡，所以從來沒坐過那臺賓士。而且那個司機好粗魯，超沒禮貌！」

她給三兒子的信柔和多了，「最親愛的梅爾文（Melvin），你是三個兒子中，唯一知道媽媽喜歡什麼的。那隻雞很好吃。」

如果你能站在別人的處境進行思考，而不是一味妄加評斷，那麼，你對生命的看法將會改觀，而你的生活方式也將有所轉變。

作家和演說家丹・克拉克（Dan Clark）回憶道，當他還是個青少年時，有一次爸爸和他排隊買票，看馬戲團表演。等待時，他們立刻注意到排在他們前面的一家人。那對父母手牽著手，後面還跟著八個孩子，每個都很乖，而且看起來都小於十二歲。根據他們乾淨卻樸素的衣著來看，他覺得他們不是有錢人家。孩子們嘰嘰喳喳，興高采烈地說著期待已久的表演，他可以斷定馬戲團對他們來說一定是個新奇的經歷。

當那對夫妻靠近櫃檯，售票員問他們要買幾張票。那個父親很驕傲地回答：「麻煩你，我要買八張兒童票和兩張成人票，這樣我就可以帶全家一起看馬戲團。」當售票員報出票價，那位太太鬆開先生的手，一副垂頭喪氣的樣子。那位先生往前靠得更近詢問：「你說多少錢？」售票員又再報了一次價錢。顯然，那位先生沒有足夠的錢。他看起來深受打擊。

克拉克說，他爸爸全都看在眼裡，於是把手伸到口袋裡，掏出一張二十元鈔票，讓它掉在地上。然後，再彎下腰撿起鈔票，拍拍前面那位先生的肩膀說：「先生，對不起，這是從你口袋掉出來的。」

那位先生完全了解狀況。他直視克拉克父親的雙眼，執起他的手，握了好幾下，一滴淚珠滾落他的面頰，「謝謝你，謝謝，先生。這對我和家人真的意義重大。」

克拉克和爸爸回到停車場，開車回家。那天晚上他們手邊的錢不夠看馬戲團表演，但是這並不重要。因為，他們把自己放在別人的位置上設想，而且做了更有意義的事。

交換原理討論

❶當人們到國外旅行，接觸到不同的文化時，會帶來什麼正面的影響，進而改變人們對他人的觀點？可能會有哪些改變呢？有些根深柢固的成見會如何妨礙正面的改變？

❷哪些原因阻礙了人們不想「離開自己的地盤」，從別人的角度看事情？你面臨何種障礙？在過去，你是否做過什麼事來克服這些障礙？未來，你會做什麼事來強化自己設身處地為人著想的能力？

❸你如何形容自己對他人普遍的態度？你是否自動假設別人也有妥當的見解，或是總是認為自己才對？請解釋。先往好處去想別人，不要妄下結論，如果你在這方面的態度需要改善，你要如何做？

❹如果有人總是用自己的角度論斷別人，這對他的人際關係會有什麼影響？若關係已因此受損，他應該如何修復關係？

❺把焦點集中在他人身上，這方面你做得如何？你是否經常請別人就某事分享他們的觀點？你是否經常詢問別人他們想要什麼？在你的生命中，你總是專注在自己的計畫上，還是你認為以他人的角度來看事情非常重要？你身邊最親近的人同意你的看法嗎？

第 8 章

學習原理：甩開偏見，向每個人挖寶

有些人是這樣的，對於他們不知道的事，他們也不准你告訴他們。

——路易·阿姆斯壯（Louis Armstrong）

問問自己：與人相處，我是否渴望向他們學習？

如果你看到他，你會認出他來。他是一位知名的個性演員，拍過好幾十部電影和許多部電視劇。在《保送入學》（*Risky Business*）裡，他飾演皮條客的角色——Guido。在《絕命追殺令》（*The Fugitive*）裡，他是湯米·李·瓊斯（Tommy Lee Jones）的夥伴。在《駭客任務》（*The Matrix*）中，他飾演叛徒賽佛（Cypher）。而在《黑道家族》（*The Sopranos*）中，則扮演Ralphie。他的朋友都叫他喬伊·潘（Joey Pants），其真名是喬·潘托利亞諾（Joe Pantoliano）。

喬生長於紐澤西州中龍蛇混雜的霍柏肯（Hoboken）。他說他的偶像，就是幾個當地自命不凡的傢伙——混跡黑手黨的歹徒。他的父母經常搬家，而且都是賭徒，因此常常付不出帳款。當喬九歲或十歲時，他的媽媽以賭為業，做組頭營利，甚至把喬當成跑腿小弟。喬伊·潘似乎要走上犯罪的不歸路。

他的命運似乎就此定案，然而，在他十三歲那一年，有個遠房表哥弗洛瑞歐．伊薩貝拉（Florio Isabella），在出獄後搬來和他們一家同住。

弗洛瑞歐犯案累累，是個職業罪犯。他在紐約的小義大利區長大，父母在僅有一間房間的狹窄公寓裡製造海洛因，由他跑腿當快遞。十二歲不到，弗洛瑞歐就已經在販賣毒品，他在監牢裡待了二十一年。除了走私毒品，他還犯過武裝搶劫和其他重大刑案，其中還包括劫持霍柏肯渡輪（Hoboken Ferry）。

一個犯罪者，卻拯救另個人的人生

喬回想說：「弗洛瑞歐馬上就違反假釋規定，和一些歹徒加入某個叫『天堂兄弟』的幫派組織。我記得他賺了五萬美元現金。」[1]不久，幫派中有個弟兄在街頭鬥爭被殺後，弗洛瑞歐開始深思。而他的人生分叉點後來也成為喬的人生分叉點，雖然那時他並未察覺。

弗洛瑞歐原本可以把喬納入羽翼下、加以提攜，很多歹徒的犯罪生涯都是由此開始的。但是，這位資深黑道卻做出不同選擇。喬回憶：「他老是說：『我走的每一步都是錯的，你不會和我一樣。』他是唯一對我有信心的人，還鼓勵我傾聽內心、追尋自我。」[2]

喬一心想朝戲劇發展。但是，當他好不容易鼓起勇氣告訴朋友和家人時，他們全都嘲笑他。「你以為你是誰啊！」他的母親告訴他，「你想要當演員？像我們這種人不可能當演員，像我們這種人不可能上大學，像我們這種人永遠不會成功。喬伊，別再瞎攪了。」[3]但是，弗洛瑞歐——他生命中最不可能的人——教他要勇於與眾不同，脫離他家人和兒時同伴所走的路。

弗洛瑞歐安排他和生命中第一位戲劇老師接觸。當喬準備離家搬去紐約時，弗洛瑞歐不僅鼓勵他，還給了他一筆錢。甚至開車載喬上工，拍他的第一部電影——《大時代》（*The Valachi Papers*）裡的臨時演員。

最重要的是，在喬掙扎著成為演員的前七年間，弗洛瑞歐讓他遠離犯罪生涯，不去賺那些得來容易的銀子。「要不是弗洛瑞歐．伊薩貝拉，他是我另一個父親、我的榮譽監護人，和媽媽的第三個表哥，要不是他的及時介入，」喬說，「我的回程地址就是紐約的阿蒂卡（Attica）。」意思就是監牢。[4]

「最後，」喬觀察說，「雖然我不能改變這種悲劇事實，就是在我生命中可以讓我有自信做某些事的人，卻做了很多可怕的事。就某些標準來看，弗洛瑞歐是個恐怖人物，或許他藉由無條件的愛鼓舞我的自信、鼓勵我成功，來矯正他的行為。然而，對我來說，他卻是我遇過最溫柔而善解人意的聰明人。」[5]

你的態度，可否得到意想不到的寶藏？

事實上，我們每一個人都像喬．潘托利亞諾一樣，都可以在最意想不到的地方，向最意想不到的人學習。每個人都有可以分享的事，每個人都有東西可以教我們。但前提是——我們必須擁有正確的態度。對於向他人學習，你抱持什麼態度？所有人都可以歸納成下述三種類型之一。

沒有任何人可以教我——傲慢態度

有時候我們以為，無知愚昧是一個人是否受教的最大敵人。然而，這真的對受不受教沒有什麼影響。你是否曾看過，有些受過高等教育和享有高成就的人士，卻完全不想聽任何人的建議或意見？有些人以為自己什麼都懂！有些創立成功大企業的老闆，他們對於規模較小的企業主看法不屑一顧。得到博士學位的人，可能因為自己被視為專家，而沒有雅量接受別人的教導。在公司或部門裡最資深的員工，對於資淺人員的意見可能置若罔聞。

其實，這些人並不了解，他們對自己的傷害有多大。事實上，沒有任何人會因為自己太老、太聰明或太成功而無法學習新知。不良的態度才是唯一的障礙，它是人們能夠學習和自我改進的最大絆腳石。

某些人可以教我所有事情——天真態度

那些了解自己還有成長空間的人，他們通常會尋求心靈導師。大致上來說，這是好事一件。然而，如果他們以為可以單從一位楷模那兒習得所有事物，這就太過天真了。人們不光需要一位導師——他們需要很多位。

我有許多導師，我向他們學習到很多事物。雷斯・史托伯（Les Stobbe）教我如何寫作；我的兄弟賴瑞是我的商業導師；而安迪・史坦利（Andy Stanley）讓我學到許多溝通技巧。此外，湯姆・穆林斯是我在人際關係上的仿效對象。如果要我列出這些年來的所有導師，我會一頁接著一頁地填上滿滿的人名。

每個人都可以教我某些事——受教態度

成天跟在最聰明的智者身邊，並不能保證你會學得最多。那些獲得最多的人都擁有正面的受教態度。每個人都有一些事可以分享——受過的教訓、某個心得，或是人生的經歷。我們只需要擁有**傾聽的意願**。事實是，人們通常在不經意中給予我們教導。問問為人父母者，你會發現他們從小孩那裡學到許多——甚至在小孩還處於襁褓、一個字也不會說的時候。

只有在我們沒有學習意願，人們才無法教導我們。不過，我的意思並不是說，你遇到的每個人都一定會教你某些事。我的意思是，人人都有潛力成為我們的導師——只要你願意的話。

五步驟，走向與人學習之路

如果你有受教的態度或是有這個意願，你已經站在學習的適當位置。接下來，只需要採取以下五項步驟。

一、讓學習成為你的愛好

管理專家菲利普．克勞斯比（Philip B. Crosby）提到：「有個關於人類行為的理論——人們潛意識裡會阻礙自己智識的成長。他們會逐漸依循陳規陋俗和老舊習慣。當他們到達對世界感到安逸舒適的年紀，他們便停止學習。之後，整個餘生之中，他們的心智都被閒置不用。或許，他們仍舊有組織地持續往上爬；或許，他們有野心、也很急切渴望；或許，他們甚至日夜操勞。但是，他們卻不再學習。」[6]

有時候，這的確是個問題，尤其當人們得到夢寐以求的職位、達成自己設定的組織目標，或是孜孜矻矻地取得學位後。在他們的心中，已經到達目的地。他們變得安逸滿足。

倘若你想要持續成長，便不能停滯在舒適地帶。你得把學習當成自己的目標才行。如果這樣做，你心靈的能源絕對不會乾枯，你會有強大的驅動力。而且，不必擔心找不到人教你。希臘哲學家柏拉圖說：「**當學生預備好的時候，老師就會出現。**」

二、不要看輕人們

一九七六年的時候，我已經投入職業生涯七年，我覺得自己很成功。那時候，人們評論教堂，是根據星期天主日學課程的成功與否，而我所領導的教會，擁有在俄亥俄州成長最快的主日學計畫。不久，我的教會已成長為我所屬教派中最大的支部。雖然如此，我還是想要學習。

那年，我報名參加一個研討會，我特別想要聽三位講員的演說。這三位講員都比我年長、比我成功，還比我更有經驗。

會議期間，有一堂課是心得交換，每個人都可以發言。我料想它會浪費時間，所以打算跳過這堂課，不過，我的好奇心還是戰勝了自己。結果，它簡直令我大開眼界！一位接一位的學員分享他們工作機構裡的事，我坐在那邊急忙地記下摘錄和點子。結果證明，與其他會議相比，我竟然在那堂課中學到最多東西。

那次經驗讓我很驚訝，稍後，我終於了解原因。在研討會之前，我認為只有年紀比我大、比我成功的人才能教導我。踏進會場的時候，我並沒有把其他人看在眼裡。這種態度是錯誤的。**對於你不尊重的人，你無法向他學習**。從那天開始，我下定決心改變這種想法。

三、發展有成長潛力的關係

雖然，每個人都可以教導我們某些事，但是，這並不表示，任何人都能夠教導我們想學的每一件事。我們必須找出最可能幫助我們成長的人——在該領域的專家、可以拓展我們心靈的創意思考者、能夠激勵我們邁向更高境界的成就者。

若是你花時間和這些傑出人士相處，你很自然地會見賢思齊。他們的人格和知識會讓你耳濡目染。就像《飛向成功》（*Soar with Your Strengths*）的作者唐諾．克里夫頓（Donald O. Clifton）和寶拉．尼爾森（Paula Nelson）所觀察的：「我們與人的關係幫助我們定義自己是誰，以及我們將成為怎樣的人。」

四、辨識人們的強項與獨特性

哲學家、詩人愛默生（Ralph Waldo Emerson）評論：「我遇過的每一個人，一定有某方面比我優秀。」對於自己的強項，人們總是發展得特別好；而從別人的優勢領域，我們總是可以學習到最多東西。因此，在尋求你的導師時，得審慎選擇。

一九七〇年代中期，我鎖定十位全美最頂尖的教會領導者，然後設法安排與他們每一位進行午餐約會。我甚至提供每小時一百美金，做為他們犧牲時間的報酬——那可是我半個星期的薪水。有些人意願和我碰面，有些人則否。對於那些肯撥冗相見的人，我由衷感激。

那時候，我們夫妻並不富裕，而這些領導者散居全國各地，所以有好幾年，我們會根據這些拜訪行程來訂定假期。為什麼我要如此大費周章地拜訪這些人呢？因為，我強烈地渴望學習他們擁有的獨特技能與所長。

這些會面帶給我的生命極大的不同。你知道嗎？與卓越人士產生連結仍然持續地影響我的人生。每個月，我都會設法拜訪我所欽佩的人，與那些我想學習的對象會面。

五、觀察和提問——最好的學習法

我在大一時，曾在俄亥俄州的塞克維爾市（Circleville）的某家冷凍櫃工廠打工。牛隻在那裡宰殺完後，就會存放進超大型的冷凍櫃裡。我的工作是把剛處理完的牛肉拖到冷凍區域，以及每當顧客下單時，再把肉從冷凍櫃裡拖出來。

每當我遇到什麼新事物，又從未涉獵過的話，就會嘗試學習。而最好的學習方法就是——觀察和提問。做了兩週後，在那裡工作多年的資深員工龐斯（Pense），把我拉到一旁說：「小伙子，我要告訴你，你問太多問題了。我在這裡工作很久了。我負責宰牛，這就是我全部的工作——以後也是這樣。你知道的愈多，他們便期待你做愈多。」我實在很難了解，為什麼有人會不想學習、不想成長。但是，很明顯地，他就是鐵了心不去改變。

作家歌德（Johann Wolfgang von Goethe）相信：「每天，每個人至少應該聽首歌、讀首好詩、看幅好畫。如果可能的話，說幾句明智的話。」我會再加上：「每天，每個人都應該問些問題來學習新事物」這句話。問對問題的人，總是可以學到最多東西。

傾聽是學習的開始，但是並不是結束。神學教授漢斯．昆（Hans Küng）主張：「想要徹底地了解一個人，就得向他學習；而徹底地向他學習，則需要先自我改變。」學習的目標就是要改變，你不可能沒有改變而獲得成長。

向他人學習是非常重要的，這是本章重點所在。然而，你永遠不會知道，你會是哪個人傾聽和學習的對象。

就在某天當瑪格麗特接聽電話時，我發現了答案。她對著電話講了一會兒，然後看著我、把手摀在話筒上問：「你認識迪克．維梅爾嗎？」

我火速衝向電話，幾乎把她推倒。

維梅爾是教練史上的傳奇人物。一九五九年，他開始擔任中學的足球教練，自此之後，訓練過各種層級的足球隊。他曾經榮獲四種層級的「年度最佳教練」：高中、專科、大學甲組聯賽（NCAA Division I，美國國家大學體育協會校際體育賽事的最高級別），以及國家美式足球聯盟。一九九〇年代，他在退休後又復出當聖路易公羊隊的總教頭；一九九九年，他們獲得超級盃（Super Bowl）的總冠軍。

真的是這位迪克・維梅爾嗎？他為什麼要打電話給我呢？

結果真的是迪克・維梅爾。他打來是因為我在「極限影響」（Maximum Impact）裡的授課內容，這個CD教材每個月超過一萬五千人訂閱。我曾經在裡面提過，每當我讀了一本絕妙好書，而從中獲益良多時，我會寫一封短箋給作者謝謝他，並且讓他們知道他的作品對我的意義有多重大。所有的老師都想要聽到，自己的心血為人們帶來影響！

維梅爾打電話給我是要讓我知道，他持續六年閱讀我的書，以及訂閱我的CD。他在前往球場和回家的車程上聽我的教材，而且還與其他教練和球員分享其中的道理。他只是想讓我知道這些。

跟他聊天讓我倍感榮幸。這種鼓勵可以讓人持續一個月精力充沛、神采飛揚！除此之外，他的鼓勵也印證了「學習原理」。如果像迪克・維梅爾這樣的人——超級盃的冠軍得主，可以從我這兒學習，那麼，這句話肯定為真：**我們遇到的每一個人，都可能教我們某些事。**

學習原理討論

❶ 對於向他人學習，多數人的態度有多開放？保持何種態度？大部分人對於能否向別人學習，是不是早有成見？如果是的話，你認為是有意還是無意？請解釋。是哪些因素（比如外表、職位、收入、種族、年紀等）左右了一個人是否可以學習的考量？你覺得自己可能有何種偏見？如何改變？

❷ 本章中我們提到兩種學習型態：一種是採取開放心態，向任何人學習；另一種是運用策略，選擇學習方法和對象。從這兩種形態，你可能會得到什麼樣的益處？而這兩種學習型態，你最大的挑戰可能是什麼？比較喜歡哪一種？

❸ 關於學習和個人成長，你有什麼樣的哲學？以前曾經仔細思考過嗎？跟本章的論點比較，你的看法有什麼不同？有哪些新的觀點，你容易採納並且身體力行呢？

❹ 直至現在，有關你的個人成長，心靈導師扮演何種角色？從過去的經歷，描述一位教導你重要課題的關鍵人物。現在，誰在幫助你成長？你是否只尋求一位導師引導，或是嘗試和好幾個人接觸？在現在的人際圈裡，誰擁有某項領域的專長能夠幫助你？又要如何獲得幫助？

❺ 你是否善於發問？和某人初次見面時，會不會以問問題的方式增進對他們的了解？你的問題是否會開啟對話？在預備好拜訪心靈導師時：你是否預先做好功課，準備問題，發揮最大的時間效益？

第9章

魅力原理：關注他人，就能讓人喜歡你

人們才不關心你知道多少事，
直到他們知道你有多關心他們。

問問自己：我是否經常關注他人，還是只關注自己？

二〇〇三年八月，瑪格麗特和我參加璽寶遊輪（Seabourn cruise）的地中海之旅。當我們抵達報到處，等待服務人員的時候，有位比我們稍微年長的女士向我們走來自我介紹。

「嗨，我叫菲莉絲（Phyllis），」她笑得很燦爛，「你們叫什麼名字？」我們隨之介紹自己。「很高興認識你們，」她說，「很期待更了解你們。不打擾你們報到了，晚餐時見！」

當我們完成報到手續，在找艙房位置時，瑪格麗特說：「她真的很迷人！」那天下午，卸下行李之後，我已經忘了菲莉絲這個人。但是，當我們下樓用餐時，她就在那裡和人聊天。一看到我們，她就笑著走過來跟我們打招呼。

「約翰和瑪格麗特，」她說，「這是我先生史坦利（Stanley）。」我們馬上就熱絡地聊起來，後來還相約共進晚餐。

「你從事什麼工作？」她問。

「我寫書，也是研討會的講師。」我回答。

「聽起來好有趣，再多告訴我一點。」她就這樣問著問題，於是我很自然地談起我的背景和經歷。然後，她讓瑪格麗特加入談話，很快地，她們就討論起藝術和古董來了。

接下來的幾天裡，我看到菲莉絲和史坦利向船上一百二十位的旅客自我介紹，與其他人產生連結。我注意到菲莉絲下的功夫，她讓人們對自己感覺良好。她主動開啟對話，當有人想要她談談自己的時候，她很快地又會把話題導回對方身上。

菲莉絲知道每個人的名字，對每個人都讚譽有加。幾天後，船上每個人都在找她。她是神奇的魔笛手（Pied Piper，譯按：此處應是以德國童話〈花衣魔笛手〉中，以美妙笛音趕走老鼠的吹笛人作為比喻），每個人都愛上她。

有次聊天的時候，我得知她和史坦利已經退休，他們搭乘遊輪，到處結交朋友消磨退休時光。看來，他們十分享受這樣的日子。當行程接近尾聲，我告訴菲莉絲，我們夫妻倆都很喜歡她，很想繼續和她保持聯絡。她從口袋裡掏出一張名片，上面寫道：

菲莉絲和史坦利．休斯

你們的遊輪朋友

名片下方是這艘遊輪的標誌，以及他們的住家地址和電話。那次行程結束後，菲莉絲還寫信給我們，邀我們去佛羅里達州拜訪她和史坦利。她是我遇過最具魅力的人，也是一位善於與人連結的大師。她的祕訣在哪裡？這和我父親在一九六三年送我去上的第一堂卡內基課程所教的一樣：如果你想要和他人連結，**把注意力放在他們身上，不要只注意你自己**。

卡內基：讓別人喜歡你的六種方法

在我青少年時期，卡內基課堂上的教導以及他的著作《卡內基溝通與人際關係——如何贏取友誼與影響他人》（*How to Win Friends and Influence*，編按：此書於一九三六年出版，全球已超過四十個版本）對我影響深遠。他的許多教導成為我日後人際技能的範本。以下就是卡內基建議的六種方法，並且加上我的解釋。

一、真誠地對別人感興趣

有人問珀爾麗・梅斯塔（Perle Mesta），這位自從多莉・麥迪遜（Dolley Madison）以來最傑出的華盛頓社交女主人，成功地讓她的宴會冠蓋雲集的祕訣何在？「就在歡迎和道別的時候。」她說。當她的客人抵達時，她會用：「你終於來了！」這句話來迎接他們；當每個人離開時，她則說：「我很難過你這麼快就要走！」來表達她的遺憾。

將近二十年來，在與別人互動的時候，我都以下面這句話作為準則和提示：「人們才不關心你知道多少事，直到他們知道你有多關心他們。」無論你多麼有權力、受過多少教育，或是你有多少專長，這些都不重要。如果你先讓他們了解，他們對你有多重要，那麼，人們對你就會有更善意的回應。

二、能夠吸引人的微笑

你是否曾經有「攬鏡自照」後自我覺醒，進而改變生活方式的經驗嗎？在小學三年級的時候，我有過一次這樣的經驗。某天早上，我老老實實地站在鏡子前面，看著自己的臉，那是我首度察覺到別人眼中的自己，我自忖：「約翰，你並不是個英俊的傢伙。」我心想：「那我可以做些什麼來改變呢？」然後，我微笑。「真的有幫助耶！」從那次以後，我就經常保持微笑。

微笑很吸引人。我的撰稿人——查理・魏策爾（Charlie Wetzel），他曾經在教育展裡向老師推銷課堂教材。當他在展覽攤位工作的時候，總是做到務必對每個人微笑。大多數人在逛會場時，眼睛都專注在商家提供琳琅滿目、各式各樣的展覽品上。

但是，查理觀察到一件有趣的事。很多人沿著走道往前走，在最後一刻，幾乎就要越過查理的攤位了，他們會抬起頭來看看他。過半數的人看到他微笑，都會來個急轉彎，回過頭來看看他攤位上的商品。幾乎就像有條繩子綁在他們身上，又把他們拉回來一樣。

查理不是那種超級大帥哥，所以他的外表並不是讓人突然轉身的原因。他的產品也沒有特別耀眼炫目，原因就出在微笑。（他還做過實驗來印證這點。當他沒有微笑，只是看著對方的眼睛，人們通常只會繼續往前走。）如果你想要吸引別人，用微笑讓你的臉龐發光吧！

三、最重要又甜美悅耳的聲音就是——名字

在我上第一堂卡內基課程時，講師就強調記住別人的名字非常重要，這讓我印象深刻。從那天開始，記住別人的名字就成為我的優先要務。這幾年來，我運用各式各樣的訣竅來記住別人的名字。我會找出別人臉上的特徵聯想他的名字，也會玩點文字花招加以提示。

我在擔任一家大教堂的牧師時，對於那些願意拍攝拍立得相片的人，甚至會允諾要記住他們的名字。一度，我甚至得記住五百張照片。我會在相片的角落打孔，將照片用大鐵環串成冊。記得有次在飛機上，我從公事包裡抽出幾冊照片集，打算要利用時間複習並且記住名字。

坐在我旁邊的人問我：「你在做什麼？」

「看我家人的照片。」我不疾不徐地回答。

「好大的家族。」他說。

我繼續翻閱相片，「是啊，等到我們都有孫子的時候，人就更多了。」

當然，儘管我這麼努力地記名字，還是會有出差錯的時候。不論你多努力，有時候就是會搞混。有一次，我應邀在「安蒂思蝴蝶餅專賣店」（Auntie Anne's Pretzels，譯按：美式國際連鎖椒鹽脆餅專賣店）全國會議中演講。我用了五分鐘讚美這家公司的創辦人，告訴聽眾，她是一位非常傑出的領導者，還提到這家公司的組織。

我不斷地說著「安妮阿姨」（Aunt Annie）有多好、多棒。最後，終於有個人打斷我並靦腆地告訴我說：「哦，約翰。是『安姨媽』，不是『安妮阿姨』啦。」當下，我覺得自己是個不折不扣

的大白痴。該公司的創辦人安（Anne）、強納斯．貝勒爾（Jonas Beiler）夫婦，還曾經來我們家吃過晚餐呢，而我還是記錯名字了！

四、好的傾聽者，鼓勵別人談論自己

小說家喬治．艾略特（George Eliot）建議：「除了自我小小私欲的滿足外，請嘗試去關懷這個大千世界。去關心什麼事對思考和行動最有幫助——而不要著眼在自己命運中的小小事件。去關懷他人的生命，不要只顧自己。看看他們的困難，看看他們是如何成長的。」

要如何實踐這個忠告呢？藉由傾聽！這就是我的遊輪朋友——菲莉絲的天分所在。她是我遇過最擅長傾聽的高手之一。她讓我想起我的母親蘿拉．麥斯威爾（Laura Maxwell）。她是我見過最棒的傾聽者，不僅隨時都願意聽我傾訴，多年來一直是許多人的好聽眾。

幾年前，她還在塞克維爾聖經書院（Circleville Bible College）擔任圖書管理員時，好多女孩總是喜歡找她吐露心事。因為她關心她們，而她們也知道她總是真心傾聽。瑪格麗特說，我母親的這種能力讓她成為一位很棒的婆婆。

威廉．格萊斯頓（William Gladstone）與班哲明．迪斯雷利（Benjamin Disraeli）是英國歷史上兩位偉大的首相。據說，有位年輕女士連續兩晚分別與他們共進晚餐。有人問她對於這兩位首相的印象如何，她說：「我坐在格萊斯頓先生的旁邊用餐，當我離開飯廳時，我認為他真是全英國最聰明的男人。但是，坐在迪斯雷利先生旁邊後，我覺得自己是全英國最聰明的女人！」

五、以別人的興趣作為談話焦點

在一個溫暖的六月夏夜，有對剛結婚的年輕夫婦，靜靜地坐在門廊上的長搖椅。年輕的妻子看了看她的新婚夫婿，問道：「喬治，你覺得我的眼睛漂亮嗎？」

「是。」喬治回答。過了一分鐘後……

「喬治，你覺得我的頭髮迷人嗎？」

喬治再次回答：「是。」又過了一會兒……

「喬治，你說我的身材是不是很棒？」

喬治再次回答：「是。」

「喔，喬治，」她誇張地說：「你真會說好話。」

可憐的喬治，雖然他愛他的新娘，但是他還不知道怎麼跟她說話。如果你想要擁有成功的人際關係，必須學習依照對方的興趣來談話。不論是與人初見面，或是建構婚姻關係，這點都非常重要。其中一個祕訣就是作家東尼．亞歷山大（Tony Alessandra）所稱的「白金定律」（the Platinum Rule）。你或許知道「黃金定律」：你希望別人如何對待你，你就要如何對待別人。而「白金定律」則是：「依照別人所希望的方式對待他們。」若是這樣做，你肯定不會出錯。

六、讓他人自覺重要，發自內心去做

一項重要的原則是，讓他人自覺重要。菲莉絲的魅力並非造假，你可以分辨她是真誠地喜歡大家。對她來說，每個人都很重要。藉由學習，你也能夠學會尊重他人，讓他人覺得自己重要。

艾倫・齊莫曼（Alan Zimmerman）說過一個有關卡維特・羅伯特（Cavett Roberts）的故事。羅伯特不僅是位成功的律師、推銷員，也是美國演講家協會（National Speakers Association）的創辦人。我曾經在一九七〇年代早期遇過他，聽過他的演講。齊莫曼說：

> 有天早上，羅伯特望向窗外，看見一個瘦弱的十二歲男孩挨家挨戶地推銷書。男孩朝著他家走來，羅伯特轉身對太太說：「妳來看看我怎麼給那孩子上一堂銷售術的課。這麼多年來，我寫了那麼多溝通的書、到全國各地演講，我要跟他分享一下我的智慧結晶。我不想讓他難過，但是，在他還搞不清楚狀況時，我就已經把他打發走了。這個技巧我用了很多年，屢試不爽。然後，我再把他叫回來，教他如何對付像我這種難纏的角色。」
>
> 於是，當男孩敲門時，羅伯特太太就在一旁觀看。羅伯特打開門，快速解釋自己是個大忙人，沒有興趣買任何書，不過，「給你一分鐘，然後我就要離開——我趕著搭飛機。」
>
> 這位年輕的推銷員並沒有被嚇倒。他只是盯著高大、灰髮，相貌堂堂的羅伯特瞧，他知道這個人很有名、也很富有。男孩說：「先生，你該不會是那位鼎鼎大名的卡維特・羅伯特吧？」
>
> 羅伯特回答：「孩子，進來吧。」
>
> 最後，他向男孩買了好幾本書——或許他永遠也不會看的書。那個年輕人把「讓他人自覺重要」這個原則發揮得淋漓盡致，而且真的管用。這個方法，無論是富人、名人、大人物或是強者等，全都難以抗拒。[1]

作家馬克斯・巴金漢（Marcus Buckingham）和唐諾・克里夫頓，稱這種能力為「Woo」，代表贏得人心之意。他們相信擁有「Woo」特質的人：「喜歡與人相處，而且想要知道別人的名字、問他們問題，找出共同的喜好領域開啟對話，進而建立和諧關係。」[2]他們認為，「Woo」是一種天賦，有人天生就有，有人則無。我相信這是真的。但我也相信，只要有心，任何人都可以發展人際技能，並且學習成為一名魅力人士。重點在於——沒有魅力的人走進人群說：「我在這裡」；而有魅力的人走進人群說：「你們在這裡」。幾乎每個人都可以學習這樣做。

找出具有「Woo」特質的自己

我讀了巴金漢和克里夫頓的書——《發現我的天才》（*Now, Discover Your Strengths*），做了書中「發現優勢」的測驗。我得承認，「Woo」是我的前五大優勢之一。我總是能贏得人心，但以前的我並不是那麼有魅力。因為剛踏出校門，少不更事的我就當上牧師，想讓每個人對我印象深刻。於是裝扮成專家，刻意教些高深莫測的東西，甚至戴起眼鏡，想讓自己看起來更成熟、聰明。

回想當時的行為，真讓我覺得不好意思。不過，我已經學到教訓。其實，不需要讓任何人印象深刻。（這招也不管用，對我沒有任何幫助。）我只需要讓人們知道，我關心他們，並且想要幫助他們。如果你想要成為讓人們一看到你，就開始微笑的人，那麼，你得把自己放在一旁、改變焦點，對別人衷心感到興趣。這些作為將會改變你的生命。

魅力原理討論

❶為什麼人們認為，「真心地對別人感到興趣」是如此困難？對你來說，這很困難嗎？請解釋。

❷你是否認識有人不但深具魅力，並且有與他人連結的天賦異稟？描述一下這個人。他或她帶給你什麼樣的感覺？你認為這個人獨到的吸引力，有多少是出自天生，有多少是後天努力習得的？你可以做什麼效法這位魅力人士？

❸關於記住別人的名字，你拿不拿手？這項技能是否在你的優先名單當中？你會用什麼樣的小訣竅幫助自己記憶？

❹你是否曾經做過「功課」找出某人的興趣，好讓你與那人能夠產生更好的連結？你覺得這種經驗是愉悅，或是枯燥乏味？它最終如何影響你們之間的關係？假使不可能或是不合適先做研究，那麼，你要如何「飛也似地」迅速找出對方的興趣？你應該問什麼樣的問題？要如何運用觀察力？

❺倘若有人利用不真誠的諂媚，想讓對方自覺重要，那會產生什麼後果？若是你並不欣賞某人，又得讓他覺得自己是重要人物，你認為這樣是否困難呢？請解釋。在這種情況下，你要如何找出方法，誠摯地表達你的讚美？對於那些你不喜歡的人，你可以怎麼做來改變你的態度？

第10章

滿分原理：激發最佳表現的強大武器

遠離那些想要貶低你的抱負的人。小人物通常會貶低你，但是，真正偉大的人物會讓你覺得自己也能成大器。
——馬克·吐溫（Mark Twain）

問問自己：我是否相信別人最好的一面？

一九九五年，我看了一部電影《危險遊戲》（*Dangerous Minds*），這是個激勵人心的故事，描述一位老師試圖改造那些年少學生的人生。直到最近，我才知道這個故事是真人真事改編。

當露安·強森（LouAnne Johnson）高中畢業的時候，她發現自己並不怎麼喜歡上大學。她撐了四十五天，終於休學加入美國海軍。她在那兒如魚得水，服役八年，還拿到心理學的學位。

後來，她決定加入美國海軍陸戰隊，並且完成預備軍官學校的學業，以少尉軍階服役。但是，當她的軍事生涯邁入第九年時，在探索內在心靈後，她決定退役，去追求更豐富的東西。

有一陣子，她在《紐約時報》當銷售，薪資相當不錯。然而，她覺得這份工作不夠有價值。「我讀過很多報導，孩子們畢業後不能讀、不能寫，欠缺基本的識字技能，」她回想說，「我認為，如果這是真的，那簡直就是犯罪了。」

她搬到西岸，在「全錄」公司（Xerox）找到一份執行助理的工作，並且重回大學攻讀碩士學位。她渴望成為教師，「我決定，寧可年薪只有二萬五美金，也要做些真正重要的事。」[1]

當強森拿到學位之後，她便在加州貝爾蒙特（Belmont）的帕克蒙特中學（Parkmont High School）擔任實習老師。這個學校位於舊金山南端的聖馬刁郡（San Mateo County），而她所教的班級就像電影裡所描繪的樣子。

「他們（學校當局）沒有告訴我，原本那位資深教師是被這群小毛頭逼走的。」強森說：「第一天上課，他們就一副桀驁不馴的樣子，好像我根本不在那裡。」隔天，她意志堅定地踏進教室。「我告訴他們，我還太年輕、不會退休；我也太卑鄙，不會辭職。」[2]

一個動作，改變讓世人放棄的學生

很快地，她發展出一套策略與學生取得連結。「我設法運用幽默，而非威脅。」強森解釋，「有時候，我會跪下來說：『請不要讓我苦苦哀求，這樣很沒有吸引力。』當你在笑老師的時候，你就不可能兇狠。」[3]

最重要的是，她對學生深厚的信心終於贏得他們的心。上課第一天，她想出這個方法——她稱它為「紙牌遊戲」。她發給每位學生索引卡，讓他們填上姓名、住址、電話號碼以及個人資訊。這時，她會帶著點名簿巡迴教室，偷瞄索引卡寫上的名字，偷偷背下來。

等學生寫完，她會一張張地收，並且個別地謝謝他們。全部收齊之後，她就宣布，即將進行第一次測驗。此時立刻怨聲四起，不過，這個測驗不是要考他們，而是要考她的。如果她可以叫出每位同學的名字，她就贏了。假使她叫錯一個名字，那麼每個學生的第一次測驗成績全都是A。

她正確地說出每位學生的名字（她總是成功地通過測驗），很多孩子對她印象深刻。她告訴他們：「我知道你們的名字，因為對我來說，你們很重要。當我看著你們，我看進去了。我喜歡你們，也關心你們，這就是為什麼我現在會站在這裡。」[4]

強森對學生的態度並不是只記住他們的名字。她總是說話算話、說到做到。例如，曾有位學生勞爾（Raul）欠了街頭流氓一百塊美金，強森借他錢還債。但是有個附帶條件，當時還是高二生的勞爾，只能在畢業那一天還錢。他的日記透露出強森的舉動帶給他的影響：

> 上週，妳要我們在日記上寫下任何人為我們做過最好的事。我得編一個故事，因為我不記得任何人為我做過任何好事。所以，我撒謊、交差了事……至少，妳昨天所做是最好的事，我覺得妳會這樣是因為妳認為我很棒、誠實、聰明和特別！（妳總是這樣告訴我們，我覺得妳真的這麼相信。）無論如何，我要在學校更加努力，才不會讓妳失望。因為如果妳覺得我可以辦到，我就辦得到。[5]

強森如此相信學生，所以學生們也開始相信自己。勞爾的父母在小學二、三年級輟學，而勞爾堅持畢業，他是家裡第一位拿到高中文憑的人。

「我們的團隊對學生有很高的期望，」強森說：「很多人都說，期望太高了。他們警告，不要要求太多，能夠及格和畢業就好。但是，我們還要更多。我們要求學生每天來上學，遠離毒品和酒精，改變壞習慣，完成每個課堂和家庭作業，抵抗加入幫派的壓力，放棄不良的態度和改掉說髒話的習性。我們能夠想到的每一件事，我們都要求他們，而他們也竭盡所能地回報。」[6]

「我覺得當老師就像發表政治宣言，」強森解釋，「你會聲明，對於這個國家的小孩你有信心，而且你絕對不會對他們死心。這幾乎就像當和平工作團（Peace Corps）的義工一樣。」[7]

正因如此，她寫下她的經驗。「和這些岌岌可危的徬徨少年共同奮鬥後，我寫下《危險遊戲》（*My Posse Don't Do Homework*）這本書，因為我擔心大人們總是太過輕易地對那些犯錯的孩子感到失望。倘若我們不相信他們會有所成就，他們也不會相信自己能成功。但是，如果我們相信他們能夠克服挑戰，他們也會如此相信。」[8] **換句話說，強森確信：如果你相信人們最好的一面，通常真的會激發出他們最好的表現。**

如何讓每個人得到「滿分」？

我全心全意擁抱這個原理。這就是為什麼，超過三十年來，我不斷地教導人們，深信每一個人都有潛力。只要人們相信自己，就能發揮潛力，不負造物主原來的計畫。

當我與人互動時，是這麼想的：我相信我遇到的每個人都是滿分！因此，我把這個原理叫做

「滿分原理」。

一九八三年，我在斯波坎會議中心（Spokane Convention Center）演講，該演說經常被詹姆斯．杜布森（James Dobson，愛家協會〔FOTF〕創辦人）在《關注家庭》（*Focus on the Family*）節目中播出。內容為「我所知道關於人們的五件事」，最能表達我對人們的感覺，以下是演說精華。

一、每個人都希望自己是重要人物

作家喬治．亞當斯（George M. Adams）說：「每個人的生命中總有榮耀時刻，而大部分的榮耀時刻都來自別人的鼓勵。不管一個人可能有多偉大、多有名或是多成功，每個人都渴求掌聲。」你是否也發現這個事實？每個人都希望自己的生命是重要的，每個人都需要被肯定。你也這麼認為吧？那麼你應該知道，每個人都希望自己是重要人物，就連沒有表現出來的人亦是如此。

二、直到人們知道你關心他，否則沒人在乎你懂多少

露安．強森的學生對學習沒啥興趣。大部分在那種環境下的學生，總是早早輟學。她成功扭轉這種局勢，因為她讓學生了解，她關心他們——真的關心。一旦學生感受到她的真心，他們就會敞開心胸，用力地汲取她在教育上提供的資源。我們常常落入這個窠臼，總是想要藉由自己的知識幫助別人，而非出自內心地關懷他人。

三、我們都需要別人

在這個世界上，沒有任何人可以完全不需要別人。如果我們誠實以對，問題通常不在於「我們是否需要別人」；而是「我們有多需要別人？」

最近，我收到朋友史帝夫・巴貝（Steve Babby）寄來的電子郵件。他告訴我一個故事，有個叫佛雷德的男孩在某個夏季籃球聯隊裡打球。該隊教練是考奇・卡爾霍恩（Corky Calhoun），他是賓州大學的前籃球校隊隊員。在所有隊伍中，佛雷德的團隊擁有最傑出的成員，很明顯地，他們這一隊注定會贏。

不過，考奇看出佛雷德嚴重缺乏自信，他的自我形象很糟糕。考奇督促每個隊員幫助他建立自信。所以，每當佛雷德投籃得分時，每個人都會大力稱讚他。

球季結束後，發生了兩件事。他們這一隊贏得冠軍，而且佛雷德相信自己是球隊中最傑出的球員，而他也真的變成這樣。從此之後，佛雷德不再是原來的他，但是，假使單靠自己的力量，他永遠無法到達這種境界。別人對他的信心以及幫助，造就了他。

四、幫助一個人，結果影響成群人們

當露安・強森贏得勞爾的心時，也一併贏得他所有「哥兒們」。勞爾身材相當瘦小，從小學開始，他幾乎都和三個朋友混在一起，他們視他為朋友圈裡的丑角。然後，當他開始用功讀書時，在朋友中的角色也隨之轉變。起初，他們有點忿忿不平，但是很快地，他們視他為模範。過不了多久，所有人都開始用功，並且努力改善自己。

藉由幫助勞爾，強森，結果一併幫助了小團體中的每個人。通常，事情就是會這樣演變。當你幫助某個人，這種幫助會擴散出去，影響到其他人的生命。

五、就在今天，我們會扭轉某人的生命

當你對人們有信心，認為每個人都是滿分，那麼每天都會是美好的一天。為什麼呢？因為每天清晨揭開序幕，在這一天即將改變某人的生命。這多麼美妙呀！在強森借錢給勞爾的那天，當她早上醒來時，絕對想不到自己的舉動將扭轉一個孩子的生命。然而，她把每一天都當成機會，讓這世界有所不同。如果你相信人們，你的每一天也會充滿希望。

相信的力量！激發人們發揮最大潛能

我的生命也充滿這種希望。我真誠地相信人們，看到他們最好的一面。這是我的一大優點，不過有時候也是我的弱點。因太過信任，我在別人還沒準備好之前，就急著想全權授與。雖然，這偶爾帶來麻煩，但是，我很樂意與這個風險共存，因為這會為別人帶來很大的報償。

如果你現在對人們並沒有高度的信任，你可以思考一下以下五項建議。

失望，不應該妨礙我們信任他人

當我還是個新手領導者的時候，在第一次雇用的員工之中，有個人讓我遍體鱗傷。他的績效沒有達到應有的水準，卻說謊試圖掩飾，而我天真地相信。結束這次互動後，我告訴自己：再也不要讓任何幕僚人員靠近我。

但是，我沒有辦法維持這種心態。首先，這對未來我所領導的人並不公平。**為什麼要讓某個人的錯誤，影響我對待另一個人的方式**？其次，我了解到：假使老是拒人於千里之外，或許他們無法傷害我，但是，他們也無法幫助我。

倘若過去你曾經遭受傷害，或是對人感到失望，請不要讓這種經驗讓你對未來染上負面的陰影。大部分時候，只要你相信別人，就真的會激發他們最好的一面。

信任的心讓情緒更健康

杜克大學醫學中心（Duke University Medical Center）行為醫療研究部主任——瑞德福．威廉博士（Dr. Redford Williams），在《信任的心》（*The Trusting Heart*）中寫道：「那些擁有『信任的心』的人，在其生命中多數時間會比較健康，也較長壽。」他說信任的心是：「相信人類基本上是良善的，相信多數人在人際關係中，對別人都是公正和仁慈的。」

這種溫柔的心會讓你更健康。

信念左右我們的行為

假使你不喜歡或是不相信人們，你無法假裝。露安・強森班上的學生對她敞開心胸，是因為他們可以確認，她對他們的情感是真誠的，而非裝出來的。那是根植在她內心深處對人的信念，所產生的行為。如果你想要增加別人的價值，必須先看重他們。

健康的婚姻是建構在高度期望上

如果你已婚，最應該信任的人就是配偶。在二〇〇三年「生活領導」（Living Leadership）會議中，蓋洛普公司的資深副總裁、《發現我的天才》作者——馬克斯・巴金漢說，健康婚姻的頭號指標就是，比起其他人，配偶對彼此的觀感更加正面。而任何時候，若是一方比外人還要看輕自己的配偶，那麼，這個婚姻關係必定出了問題。

我當牧師時的輔導經驗證實了以上論點。在婚前諮商時，每個人都覺得對方絕不可能做錯事；而在考慮離婚時，每個人卻都認為對方絕不可能做對任何事。對於配偶，每個人都應該回歸實際。沒有人是完美的，也沒有哪個人能讓另一人全然滿意。但是如果你已婚，卻不信任配偶，也不能百分之百地支持他或她，那麼，你得尋求幫助，因為你們的關係很可能有麻煩了。

表達信心，會鼓勵他們發揮潛力

僅是信任人們、把他們想成滿分，這樣是不夠的。你需要表達出來才行！哲學家、詩人歌德說：「如果你根據一個人現有的樣子對待他，你會讓他變得更糟。但是，如果你待人彷彿已是他潛在能力可以達到的樣子，你就會使他變成他應有的模樣。」

丹．瑞藍（Dan Reiland）是我認識最善於「信任人們的人」之一，他曾經擔任執行牧師和我共事，後來，還擔任我其中一家公司的副總裁。從他還在實習時，我們就認識了。當他剛開始職業生涯，就懂得信任人們，不過，我認為那時他表達得不夠好。但是，現在的他已經成為一名大師。他不僅每天都在實踐這個原則，從一九八七年開始，每年都會找出具有潛力的人，個別指導他們。他屢屢見識到人們擁抱自己的潛能、開花結果。如果我們願意投資人們，我相信每個人都可以像他這樣，至少達到一定的程度。

想想看，有哪些人讓你的生命有所不同：讓你相信自己能夠成功的老師；給你機會證明實力的老闆；讓你知道你擁有足夠的條件去改變、去過更好生活的輔導師；那位深愛著你，對你說：「我願意」的男人或女人。他們不僅在關鍵時刻**陪伴著你**，在很多情況下，或許還在你生命中**為你創造**出那些關鍵時刻。

在絕大多數的案例中，如果有人為你帶來正面的影響，他們幾乎都是信任你的，他們很可能看見連你都沒看出來的潛能。你是否也想成為為別人帶來正面影響的人？如果你回答「是」，請設法去愛別人，並把他們看成滿分。如果你已經成家，先從你的配偶和小孩做起。然後，以家庭為出發點向外擴張你的圈圈。

倘若你相信別人最好的一面，終將激發出他們最好的表現。

滿分原理討論

❶如果有人想要獨自度過一生，他會顯現出何種特質？請指出導致這種態度的可能原因。為什麼幫助有這種心態的人通常特別困難？如果你也擁有這種心態，在哪方面它使你在幫助他人的時候產生阻礙？

❷人們成為「重要人物」的渴望會在哪些方面——正面和負面，表現出來？大致上來說，你「受肯定」或是「成為重要人物」的渴望，引領你朝著正面或是負面的方向前進？你認為，這如何影響你對別人想要「受到注意」的需求的反應？你是支持或是忿忿不平呢？

❸你是否同意有顆「信任的心」在情緒上會比較健康？請解釋你的答案。

❹你覺得自己在哪裡比較容易相信別人：家裡或是在工作場所？請解釋。你想要如何改變？可以採取何種正面行動？

❺請指出哪些方式可以表達對人的信任。你對於自己這方面的表現如何評分：很差，普通或是優異？為什麼呢？你的家人和同事對你也有相同的評分嗎？有哪些表達方式是你可以採納，並且更適合表達自己？

第11章

對抗原理：主動關懷應該先於逃避對抗

衝突就像癌症：早期發現提高治癒率。

問問自己：我是否對人有足夠的關懷來做正確的對抗？

幾年前，我接任加州聖地牙哥天際教會（Skyline Church）的主任牧師，我的前手就是創堂牧師歐爾沃·布契爾（Orval Butcher）。當我知道他要退休，而這個職位很快會空出來時，有些人勸我不要接受這個職務。在教會的世界，如果你的前任剛好是創堂牧師，你可能很難接手，尤其是像布契爾牧師這樣德高望重的人，他在天際教會服事二十七年，做得很棒，每個人都愛他。

就像許多空降的領導者或主管，很快地我也發現，並不是每個組織內部的人都做好了改變的準備。幸運的是，那兒的人都非常仁慈善良，而且布契爾牧師是位相當好的領導者，所以大部分人都樂意接納我。我很快地進入狀況，並且開始建立關係。

過了幾個月，某個星期天早上在我抵達教堂後，我注意到莎莉·強森（Sally Johnson）獨自一人前來教會，她的先生喬（Joe）並沒有陪同。他們夫婦倆一向熱衷教會事務，而且每次都會參加聚會。我才想到，已有好幾個星期沒有看到喬了，於是我問她，喬現在好嗎？

「不瞞你說，他沒辦法適應教會的改變，所以不想來。」莎莉回答。

我立刻打電話給喬，問他是否願意跟我碰面。幾天後，我們坐在辦公室裡，我說：「喬，你好嗎？莎莉告訴我，你很難適應教會的轉變。」

喬回答：「可以這麼說，我只是好想念布契爾牧師。」

我說：「喬，你可以為我做一件事嗎？」

「什麼事？」喬有點疑惑地問我。

「告訴我，你喜歡布契爾牧師什麼地方？」

雖然對於這個請求感到訝異，不過他很樂意照辦。喬開始說：「嗯，布契爾牧師總是隨時隨地陪伴著我們。他幫我們每個孩子主持婚禮，還主持我父母及哥哥的喪禮。」喬繼續說著，布契爾牧師是如何在他們生命中最重要的時刻，幫助他們。

「難怪，布契爾牧師在你心目中會有這麼特別的地位。」我說。喬看起來似乎正強忍住眼眶中的淚水。「喬，布契爾牧師永遠都是你的最愛。讓我告訴你一件事，如果他永遠是你心中的第一名，我不會不高興。我同意你永遠把他當作是你最喜愛的牧師。」喬的眼睛閃閃發亮，似乎卸下了肩上的重擔。「如果你的愛還有剩的話，只要丟一點給我就行了。」

到了下週，他重回教會，又變回原來的自己。有時候，他會躡手躡腳地靠近，然後給我一個大大的擁抱，「牧師，這個月我還剩下一點愛。」直到他過世之前，他都是這麼對我。

關於衝突，我們得知道的事實

我和喬的互動，後來以喜劇收場。然而你可以想像，並不是所有衝突都有如此正面的結果。就像任何人一樣，我也有過以負面收場的衝突。但是，多數結局都還算不錯，讓我告訴你為什麼——因為我的出發點是以關懷對方為前提，試圖幫助對方。

我可以逼迫喬表態，「你要就跟隨我，否則拉倒。」很多組織的新任領導者，會採取這種處理方式。這就是為什麼當部門或組織有新官上任時，人員的流動率總是特別高。或是乾脆對喬死心，「他是守舊派的老頑固，很顯然地，他並不關心我，那麼我為什麼要自找麻煩？」可是，我沒有採取以上這些做法。

相反地，我重視他，也認同他的情感。此事和競爭無關。如果我認為自己能夠取代布契爾牧師在他心中的地位，那就太愚昧了。況且，即使我嘗試這麼做，也非常不恰當。就像繼父母，對孩子說他生父母的壞話，想要竊取孩子的感情一樣。

我相信，對於人際關係每個人都直覺地知道以下事實為真。

無法避免衝突

或許，除了稅賦與死亡外，我們還應該加上衝突，這些都是生命中無法避免的事。避免衝突的唯一方法，就是把自己孤立起來，與這星球上的所有人隔絕。如果你看過湯姆·漢克斯（Tom

Hanks）主演的電影《浩劫重生》（*Castaway*），戲裡他跟一顆排球也能吵架，那麼你就知道，就連全然孤立的人還能找出方法製造衝突。

面對面衝突是件難事

我曾經在談論領導的研討會中，教過有關衝突的課程單元。通常我是這麼開場的，先做個非正式調查，找出現在有多少學員正和他們組織裡的人發生衝突。幾乎每個人都有。

我繼續問，他們是否與對方正面對抗，通常只有約五％的人舉手。沒有人喜歡與人正面衝突，所以，每個人幾乎能躲就躲。（而那些真正喜歡衝突的人，都有自己心理方面的問題！）

為什麼與人正面衝突這麼困難？因為我們害怕被別人討厭、誤解或是拒絕。我們畏懼那未知的結局。我們不習慣跟別人分享感情，害怕讓事情變得更糟。讓我們面對這個事實吧：極少人曾經學過健康的衝突技巧。

處理衝突的方式將決定成敗

在人際關係中，你如何處理衝突？你知道嗎，如果沒有運用明快且正確的方式與對方面對面，那麼，衝突往往愈發嚴重。所以，你處理衝突的方法非常重要。

以下就是幾種人們處理衝突的**有害策略**：

● 不計任何代價要贏。就像ＯＫ牧場槍戰大決鬥（OK Corral，譯按：一八八一年發生於美國亞利桑那州墓碑鎮OK牧場的槍擊事件，造成數人重傷死亡，之後還有連串的報復與追殺）一樣，又快、又狠，幾乎兩敗俱傷。

●假裝衝突不存在。對於討厭的事，即使你不去聽、不去看、不去說，那些事也不會就此消失。

●怨天尤人。勝利者絕對不會怨天尤人，而怨天尤人者絕對不會勝利。把自己當成受害者並不能解決衝突，只會惹惱所有人而已。

●記在帳上。那些把他人過錯一筆筆記在帳上的人，他們永遠無法重新出發。況且，在人生的帳上，沒有任何人可以做到互不相欠、「損益兩平」。

●用職階地位來壓人。運用你的職階或地位無法真正解決衝突，只會延遲衝突罷了。

●舉白旗投降。放棄會讓一個暫時性的問題，無限期地延續下去。

以上這幾種手法，都無法幫助人們以健康的方式解決衝突。

面對衝突很困難？六步驟健康解題

解決衝突並不複雜，從理智上來看很容易；但是從情感上來看，卻相當困難。它需要誠實、謙卑，以及在關係中無私的投入。以下是包含六項步驟的計畫，幫你解決這項艱鉅任務。

一、以關懷為出發點

在極少數的情況下，人們必須與自己並不關心的人正面衝突，比方說法律訴訟，或是遭到傷害時。但是，這些並非典型人際關係會發生的衝突。幾乎在所有常態的人際衝突中，如果你能把對方的利益放在心上，那麼，你們的衝突將會最具建設性。

在過去的經驗裡，當你嘗試解決與某人的衝突時，目標是什麼？是要贏得對方的同情？快速解決？還是不計一切代價贏得勝利？下次面對衝突時，請試著**把「雙贏」當成你的目標**。倘若你能更進一步，首先考量讓對方獲勝，那麼，你已站在最有益的出發點。

前密西根大學的主教練薄．辛巴克勒（Bo Schembechler）說：「在你的球員的內心深處，一定要了解你是真誠地關懷他們，這是最重要的事。如果球員們覺得我並不關心他們，我將永遠無法擺脫這種負面效應。他們知道，到最後我終究陷入絕境。」當你預備好要與人正面衝突的時候，對方必須知道你關心他們才行。

二、愈快碰面愈好

每當衝突發生時，我們總是想要逃避、拖延處理，或是請求別人幫我們解決。但事實是，倘若你放任不管，不論什麼理由，情況總會愈變愈糟。假使讓人們有機會揣測對方的動機，或是開始猜想事情的真相，通常他們都會往最壞的方向去想。採取拖延戰術只會讓情勢惡化罷了。

我的領導良師、諮詢師佛雷德．史密斯（Fred Smith），曾分享經驗：「在任何涉及人事的困難情況下，每當我想要撒手不管時，就會問自己：我的躊躇不前是為了個人的舒適安逸，還是為了組織整體的益處？假使我是貪圖自身安逸，那麼我就是貪汙瀆職。如果能夠同時兼顧組織益處，而恰巧又讓我舒適愉快的話，這就非常完美。然而，要是我對別人的不負責任視若無睹，那麼我也沒有負起應盡的責任，我得時時警覺：負負並不能得正。」

我總是把他的建議牢記在心。我跟幕僚人員說，倘若有任何涉及他們的重要問題產生的時候，我會立刻告知。我不會把問題「捆在粗麻布袋裡」。直到收集滿滿一袋問題，再拿出來，幫對方上一堂冗長的歷史課，這並不是解決衝突的好方法。

相反地，**你必須與對方立刻碰面相談**。假使情況不允許，你可以考慮先打電話。但是，無論在任何情況下，都不要用電子郵件處理衝突。

三、先尋求理解，不一定要達成共識

積極地處理衝突時，最大的障礙就是太多的既定成見介入其中。有個諺語說，**普通人在了解狀況前就先給意見，而愚笨的人在了解狀況前就先下判斷**。

亞伯拉罕·林肯總統（Abraham Lincoln）以優異的人際技能聞名。他說：「當我準備勸服某人的時候，我會用三分之一的時間想想自己，想想自己即將說的話；另外三分之二的時間，我會用來想想對方，想想他將會說的話。」這真是金科玉律。如果你把焦點放在自己身上，那麼，你永遠無法了解狀況。

就像工程師查爾斯・凱特林（Charles F. Kettering）所說：「『知道』和『理解』有很大的不同；對於某件事，你可以知道很多，卻沒有真正地理解。」

四、釐清問題的輪廓

當輪到你說話、表達自己時，採取確切的方法是很重要的。以下是我的建議：

- **描述你的觀察**。開始的時候，先不要下結論，也不要去描繪對方的動機。只要說出你的所思所見，並且描述你認為衝突引發的問題。
- **告訴對方你的感覺**。若是對方的行為讓你生氣、沮喪或難過，請清楚地表達出你的感覺，但是不要指責對方。
- **解釋為什麼這件事對你很重要**。很多時候，當對方發現某事對你相當急迫重要，就足以讓他想要有所改變。

在整個過程中，不要帶有激動暴怒的情緒，或是惡言相向，這很重要。不過，你並不需要把情緒關掉；你只需要確認在面對面時，自己不會用言詞去攻擊對方。

五、鼓勵對方回應

千萬不要與人面對面，卻不讓對方有回應的機會。如果你真的關心對方，你會願意傾聽。況且，正如政治家迪恩・魯斯克（Dean Rusk）所說：「說服別人最好的方法就是善用你的耳朵——也就是傾聽他們。」

有時候，僅僅是經由討論，也會幫助你赫然發現自己的認知是錯誤的。我就曾經這樣。當我了解自己才是「問題」的那一剎那，真是令人無地自容。此外有時候，你得考量對方是否想要掩飾過失，企圖減輕責任。**鼓勵對方回應，會幫助你更容易理解問題**。而且，鼓勵回應也可以幫助對方，讓他有機會處理自己的情緒。

當你與人面對面地解決衝突，多數人都會出現情緒上的反應。或許他們會感到震驚、憤怒，或是有罪惡感。有的人願意表達出來，有的人則不願意。但是，不論如何，你都應該鼓勵他們給你真誠的回應。為什麼呢？因為，假使他們沒有說話的餘地，就沒辦法進行到下一個階段：解決問題。他們會過於專注在自己的情緒反應上，以至於聽不見任何話語。

面對衝突時，我發現以下這些現象：

五〇％的情況是，人們不知道有問題產生。
三〇％的人知道有問題產生，但是他們不知道如何解決。
二〇％的人們知道有問題產生，但是他們不想解決。

壞消息是，五個人之中就有一個人不想尋求正面的解決方法。好消息是，八〇％的情況是，我們很有希望解決衝突。

六、達成共識，開啟行動計畫

大部分的人都討厭衝突，但是他們都喜愛看到問題被解決。而解決問題的唯一方法，就是採取正面的行動。藉由雙方共同制定和同意一套行動方案，你會把焦點轉移至未來，而非一直膠著在過去的問題上。如果對方想要改變，他會自然而然地朝向解決之道前進。

一個良好的行動計畫應該包含以下幾點：

- 清楚地確認問題；
- 同意解決問題；
- 有具體步驟可以確認問題已獲得解決；
- 責任架構，比如時間表和誰是負責人；
- 完成期限；
- 雙方承諾一旦事情得到解決，就讓過去留在過去。

如果你的衝突是「正式」的，像某些工作場合中的衝突，那麼就應該以書面形式記錄下行動計畫。這樣一來，一旦解決方案不如預期，你就能夠經常回溯文件，參考改進。

成功的衝突通常是雙方都因此產生改變，而不單只有一方。你知道嗎，經過一段時間，衝突雙方的意見會開始趨於一致？有些人把這種過程叫做「相互作用」。衡量是否成功解決衝突的第一個指標就是——正面的改變。第二個指標則是彼此關係的持續成長。任何時候，如果你真正解決了人際衝突，並不會傷害到你們的關係，還會讓雙方更加緊密相繫。

這一切都始於你真誠地關心對方。亞伯拉罕·林肯是這麼歸納的：「如果你想要讓一個人站在你這一邊，首先，你得讓他確信你是他誠摯的朋友……倘若你想要獨裁掌控他的判斷，或是命令他的行動，或是把他排拒在外、輕視他，那麼，他就會撤退至內心深處……你將永遠無法穿透他，就像你無法用麥桿穿透堅硬的龜殼一樣。」

在進行下一個單元前，讓我們複習一下關於連結的人際原則：

- **宏觀原理**：全世界的人口，除了一個小小的例外，都是由別人所組成；
- **交換原理**：與其嚴詞責備異己，不如站在他們的處境上設想；
- **學習原理**：我們遇到的每一個人，都有可能教我們某些事；
- **魅力原理**：人們對那些對自己感到興趣的人，也會產生興趣；
- **滿分原理**：相信人們最好的一面，通常真的會激發出他們最好的表現；
- **對抗原理**：關懷應該先於對抗。

對抗原理討論

❶如果面對面解決衝突進行得並不順利，會有什麼後果？你是否經歷過惡劣結局的衝突呢？你是主動面對衝突的人，還是被動的另一方？請解釋是哪裡出錯。這對你們之間的關係有何影響？

❷你認為，大多數人在面對衝突時，會把對方的最佳利益放在心上嗎？什麼原因會驅動人們去與人正面對抗？你的形式動機是什麼？是出於無私，還是自我防衛？

❸想想看人們面對潛在衝突時通常的反應：不計任何代價要贏、撇下不管、假裝衝突並不存在、怨天尤人、記在帳上、用職階地位來壓人、舉白旗投降。

❹在過去，你最常用哪一種方法？為什麼？而未來，你想要如何處理衝突？你應該要採取哪些步驟來改善自己的處理方式？

❺若是主動面對衝突的一方，變得過度情緒化，會發生什麼樣的後果？如果他能夠維持情緒的平和，又會有什麼不同？面對衝突時，一個人應該如何保持情緒上的平和呢？

❻在面對衝突時，倘若沒有伴隨清晰明確的行動計畫，常常會有什麼後果？你認為，建立行動計畫是否很困難？什麼是常見的障礙？如果對方不願意參與其中，會產生什麼樣的影響？在這種情況下，你應該如何解決問題，並且做個總結？

第三部

建立信任：你如何讓身後站滿同伴，一同迎戰？

友誼最可貴之處並不在於向你伸出的援手，
不在於仁慈的微笑，也不在於陪伴的喜悅；
當你發現有人信任你，並且樂意以友誼顯示信任，
這種心靈上的激勵才是友誼最可貴之處。

——愛默生

為什麼總是有那麼多的關係四分五裂？有些婚姻一開始熱情洋溢，最後卻以苦痛結束。人們期盼一生的友誼，卻跌跌撞撞，終至煙消雲散。而商業夥伴開始時信心滿滿，到最後卻災難收場。導致這些關係崩解的原因有很多種，但最重要的原因就是——信任的破滅。你如何定義信任？《韋氏新世界辭典》（*Webster's New World Dictionary*）第三版，把信任（Trust）定義為：「對某人的誠實、正直、可靠度、公平性等，有堅定的信念或信心。」

凱文．邁爾斯說：「或許你不知道什麼是信任，但是你一定知道什麼是不信任。」倘若人們對你說謊、竊取東西，或是傷害你的身體，你就會知道他們不可信任。這很明顯。然而是否還有其他方式讓人失去信任？人們做哪些事會讓關係變得缺乏信任？而在人際關係中，你得成為什麼樣的人才能贏得對方信任？這些問題就是接下來五章的核心，而這些人際原則將幫助你回答：我們可以建立彼此的互信嗎？

- **基石原理**：信任是所有關係的基石；
- **情勢原理**：千萬不要把目前的情勢，看得比你的關係還重要；
- **鮑伯原理**：當鮑伯跟每個人相處都有問題時，通常鮑伯自己就是問題所在；
- **親近原理**：如果我們能夠放鬆自處，會幫助別人自在地與我們相處；
- **戰壕原理**：在做戰鬥準備時，要挖一個夠大的藏身洞以便容納朋友。

第12章

基石原理：為什麼所有人都願意信任你？

比起被人喜愛，被人信任是更大的嘉許。
——喬治·麥克唐納（George MacDonald）

問問自己：我是個值得信賴的人嗎？

他是個前途看好的年輕記者，充滿活力且認真勤奮。高中時的校長這樣回憶他：「對於新聞，他總是非常投入，在高中時也一樣。他擁有良好以及積極、堅持不懈的精神，我們都很欣賞他。」[1]當他就讀馬里蘭大學（University of Maryland）時，就以才華洋溢的多產作家著稱。這個名聲讓他贏得頂尖大報《紐約時報》十週暑期打工實習的機會。據說，他當時表現相當傑出，總共寫出十九篇文章，還幫助撰寫其他許多文章。

那是一九九八年的事。隔年暑假，他回到《紐約時報》，很快地就被拔擢為實習記者。而且被指派完成一些新進記者做的事，他做得很成功，儘管被警告工作太過草率散漫。二〇〇一年一月，傑森．布萊爾（Jayson Blair）成為《紐約時報》正式的全職記者。

雖然布萊爾持續有所進展，但並不是每件事都能平順進行。編輯們持續告誡他工作散漫。市政版的編輯強納生‧蘭德曼（Jonathan Landman）就曾告訴布萊爾，其錯誤更正率：「以報社標準來看，異常地高。」[2]這點令編輯坐立難安。蘭德曼用電子郵件告訴同仁：「我們僅有的就是準確度。這就是我們的本質、我們賣的東西。」[3]儘管如此，看在布萊爾的天分和潛力上，編輯們時常對他進行查核，並且幫助他增加報導的準確度。最後，他被調到體育部門。

然而隨著情勢移轉，他又從體育部被挖到國內版，幫忙報導維吉尼亞州的狙擊案件。藉著報導國內新聞，他如魚得水並且大大出名。他寫了一大篇揭露狙擊案件的獨家報導，報導了伊拉克戰爭美軍戰俘潔西卡‧林奇（Jessica Lynch）的家人。他還寫了很多廣受矚目的故事。

一個記者，毀了百年報社的誠信

可是，傑森‧布萊爾有了大麻煩。有人注意到他發出某篇關於一名受害美軍的母親之報導，很像另一位記者幾天前寫的故事。刊出原始報導的《聖安東尼奧快報》（*San Antonio Express-News*），寄發電子郵件給《紐約時報》的編輯，警告他們正視這個問題。而這促使他們開始仔細檢視布萊爾過去的作品。

《紐約時報》的工作人員發現，布萊爾所寫的超過六百篇文章當中，有一百篇不是頗有問題，就是需要大幅度更正。[4]而他為國內版所寫的報導幾乎半數都有問題。他的罪行不僅是報導草率而已。前《紐約時報》編輯豪威爾‧雷恩斯（Howell Raines）說，根據調查顯示布萊爾「有曲解、捏造和欺騙的病態慣性」。[5]布萊爾對長官說謊，假裝出任務，然後提交偽造的「第一手」報導。還曾利用照片或是其他新聞來源，杜撰故事的部分內容。而且，抄襲剽竊其他記者的心血。甚至假報費用，企圖掩蓋行蹤。

此事揭發後，造成極大波瀾，《紐約時報》的誠信岌岌可危。兩位時報的代表說，此事件讓這家百年報社「被打得眼眶發黑」，陷入創社有史以來的「最低潮」。[6]《紐約時報》的作家評論：「雖然一個記者的欺騙，不能抹殺其他三百七十五名記者的作為。但是，新聞界的專家和老師們還是認為，此事件深深傷害了社會大眾對《紐約時報》的信任，他們一定得設法彌補損害。」[7]

在真相一波波的揭露後，布萊爾辭職了。他的前任主管、同事，以及朋友都不再信任他，很多人對他的背叛行為感到憤怒不已。[8]他那篇有關被殺害美軍的母親的報導，是剽竊自記者瑪卡蓮娜‧賀南德茲（Macarena Hernandez），諷刺的是，賀南德茲曾經和布萊爾一起在《紐約時報》工讀。她說布萊爾：「他的故事是一個人不尊重自己的職業，欺騙他的讀者、矇蔽他的編輯、剽竊他的同儕。就這樣！任何看法都會被傑森‧布萊爾當成脫罪的藉口。」[9]

那麼，布萊爾被指派任務時，都在做些什麼？根據《紐約時報》記者的說法，他躲在布魯克林（Brooklyn）自宅裡，編造故事，並且著手有關狙擊案件的出書提案。在他的欺騙行為爆發後，他見風轉舵，改寫自己如何在《紐約時報》裡為所欲為，書名就叫做：《燒掉主人的房子》（*Burning Down My Master's House*）。有一位作家看過後，把布萊爾稱為：「世界級的皮諾丘」（Pinocchio，譯按：《木偶奇遇記》裡愛說謊的木偶主角），以及「招供的連環騙子」。[10]出版社顯然相當看好此書銷售，初版就印了二十五萬本。但根據《時代》（*Time*）雜誌報導，這本書發行九天後，只賣出一千四百本。[11]我猜這表示，再也沒有人相信布萊爾說的話了！

人際關係中最重要的因素

提到信任，事實上它的重要性絕對不可能被過度高估。《紐約時報》有篇文章概述布萊爾的欺騙事件，其中包含這段聲明：「每家報社，就像每家銀行以及警察單位一樣，我們信任員工會抱持核心的道德準則，而調查發現，布萊爾先生再三違反新聞業最重要的信條——事實。」[12]

如果你分析人際關係，總會歸結到這個最重要的因素：信任，而非領導力、價值觀、合夥關係，也不是其他東西。

假使你不信任對方，你們的關係就有麻煩了。以下就是原因所在。

信任，所有關係的基礎

在《領導力21法則》中，我寫到堅固地基法則（the Law of Solid Ground）：「信任是領導的基礎。」[13]華倫．班尼斯（Warren Bennis）在《領導者該做什麼》（*On Becoming a Leader*）這本書中說：「誠信這種特質是信任的基礎，與其說它是構成領導力的要素，倒不如說它是領導力的產物。誠信無法輕易取得，你得自己努力贏取。它是由同事和追隨者所賦予的，沒有它，領導者就無法發揮作用。」

誠信不只適用於領導者和追隨者之間的關係，所有其他關係都適用。**培養信任就像建造房子一樣，它需要時間，按部就班扎扎實實地做**。如同建築工程，拆毀要比建造來得快又容易。然而，如果你的根基穩固，那麼，你的建築物比較有機會屹立不搖。

保護所有關係的骨架

人際關係好比一幅畫作。信任就像是框架，環繞畫作，讓畫作完整地呈現。它就是骨幹，讓你能夠完整地欣賞藝術。信任定義人際關係的邊界，它保護人際關係讓我們能夠安心地悠遊其中，而且提供我們情緒上的骨幹支撐。

威廉・波斯特（William M. Boast）在《擅變：看傑出領袖如何掌握變局》（*Masters of Change*）一書中，提出維繫關係的方法：

> 信任是……建立在言語和行為一致的時候。當人們覺得安全和安心時，信任也會滋長。而當看法或觀念遭到抨擊或被嘲笑時，要不了多久，你就會發現整個氛圍既不安全，又處處受阻，你變得非常脆弱。要減輕這種防衛性的氣氛，可以經由提出描述性、而非評斷性的言論，表達關懷之情以及全心的投入，並且樂意積極地去尋求、傾聽、了解，以及運用對方的觀點來達成。[14]

如果你想要享受人際關係的美好，請用信任作骨架，把你的關係環抱起來。

人生關係的極致境界

當兩個人完全地信任彼此，他們的關係就會到達友誼的最高境界，這是生命中最珍貴的寶物，就像你攀升至萬山之巔一樣。身兼作家，也是維多利亞女王（Queen Victoria）御用牧師——查爾斯．金斯萊（Charles Kingsley）說：「任何男人或女人最喜樂的事就是擁有一位朋友，我們可以完完全全地信任。他知道我們的優點和缺點，儘管我們犯了林林總總的過錯，他還是愛我們。」

贏得所有人信任——誠實、一貫與存款

心理學家和諮詢師傑克．吉布（Jack R. Gibb）觀察道：「信任就是風險成功存活下來的結果。」這種描述多麼貼切！當別人信任我們的時候，他們實實在在地承擔著風險。如果人們持續地信任我們，而我們也能夠不讓他們失望的話，這種風險會降低，彼此就能成功地建立關係。

如果你渴望建立別人對你的信任，最終建立關係，請記住以下有關信任的三個事實。

一、先對自己誠實

莎士比亞寫道：「這是最高準則：你必須誠實地面對自己。這樣的話，就像黑夜與白天互相跟隨一樣，你也會跟著對別人誠實以對。」如果你對自己不誠實，同樣沒有能力對別人誠實。**自我欺騙是所有關係的敵人**，它還會破壞個人成長。倘若一個人無法承認自己的缺點，就無法加以改進。

讓我們回到「鏡子原則」。我們第一個需要檢視的是自己，請仔細地審視你自己。對於你的生活方式，是否對自己誠實？你的品格是否堅實可靠？你的「是」是否真的代表「是」；「不」真的代表「不」？你是否堅守承諾？假使你認為自己有可能背叛別人的信任，那就不應該要求別人信任你。請先努力改善自己的品格，再來改善你的關係。

二、這是無法被切割的事

我的作家友人鮑勃．比爾（Bobb Biehl）的夫人——綺麗兒．比爾（Cheryl Biehl）說：「人生的真實面就是，如果你無法全面地信賴某人，那麼無論在哪一點上，你都無法真正地信任他（她）。」我相信這是事實。但不幸的是，如今的社會有很多人試圖區隔他們的生命。他們認為，自己在某方面可以走捷徑或是妥協價值觀，而不會影響到生命中的其他領域。但是，這種做法對品格是行不通的，對信任也一樣。

我在二〇〇三年寫了一本書叫《沒有企業倫理這回事》（*There's No Such Thing As "Business" Ethics*）。我的前提是，你不可能在商場上有一套道德準繩，在個人生活上又有另一套標準。這樣對品格是行不通的。如果某人要求你幫他圓一個謊言，你不要相信，當時機恰當時他會避免對你說謊。當某人可以「和你一起做」某件事，他也會「對你做」相同的事。一個人的品德，終究會滲透他生命裡每一個領域。

三、信任就像是銀行戶頭一樣

《這是你的船》（*It's Your Ship*）一書的作者麥可．艾伯拉蕭夫（Michael Abrashoff）說：「信任好比銀行戶頭——如果你想要它有所成長，你得持續存入存款才行。有時候時運不濟，你必須領出存款。其餘大部分時間，你都希望存款好端端地存在銀行裡生利息。」[15]

麥可在海軍軍官任內學到這個道理，而我則是在牧師任內領悟出相同道理。多年來，我在有關領導力的研討會中傳授一個觀念：在人際關係的皮夾裡存放「零錢」。當你初次開始與某人建立關係，你和這個人是從「零」開始。如果這個人對你既慷慨又信任，你可能會開始存進小額金錢。假使他既多疑又傷人，你很可能什麼都不存。

每次你做了某件事建立信任時，又會存入一些人際關係的存款。而每次你做了什麼負面的事，就會花掉一些存款。當你做了夠多負面的事項，例如你品性不端或是缺乏能力，就會宣告破產。你們之間的關係也會宣告終止。

這樣的動態模式發生在生活的每一個領域。對於職場同僚，如果你花光所有「信任存款」，他們再也不願意和你共事；對於老闆，如果你花光所有存款，只好另謀高就；對於朋友，如果你花光所有的存款，將會孤寂度日；對於配偶，如果你花光所有存款，只好走上離婚法庭。對你來說，倘若這是種全新的概念，那麼，你需要在每一天結束的時候，問自己以下問題：

- 我有存入存款嗎？想想看你最重要的人際關係。你的行為是否值得對方的信賴，可以將多餘的「關係貨幣」存入銀行？

●我有領出存款嗎？在你重要的人際關係中，是否削弱了別人對你的信任？如果是的話，你需要設法導正局勢。不要遲疑，請立刻採取以下適當的行動！（雖然，作這些事並不會增加你的存款，不過，它可以讓你停止失血。或許，你能夠成功地挽回你們的關係。）

1.道歉。

2.捫心自問，為何你會破壞信任？

3.矯正你的缺失。

4.認清這個事實：比起摧毀信任，回復信任要花費更長久的時間。

5.請牢記：回復信任要靠你的行為，而非言語。

●我的信任存款是否呈複利成長？杜克大學的籃球總教練邁克・薛夏夫斯基（Mike Krzyzewski）建議：「如果你能夠建立起溝通和信任的氛圍，它會變成一種傳統。較資深的團隊成員會幫你帶動新進成員，建立你的誠信。就算他們不全然欣賞你，他們仍舊會說：『他很值得信賴，他堅守對我們團隊的承諾。』」正如邁克・薛夏夫斯基所說，你也可以發展出別人對你極大的信任，甚至不需額外的存款挹注。不過，要達到這種境界需要長久的時間以及驚人的一貫性。

讓人值得信賴的唯一方法是？

一九七八年時，我開始在演說與諮詢方面獲得一些成績，聽眾愈來愈多。有一天，朋友湯姆・

菲力浦帶我去吃午餐，他對我說：「約翰，你會成功的。當你愈爬愈高，在你的人際關係中，你會愈難辨明別人的動機。我只是想讓你知道，我是你值得信任的朋友。」

他真的值得信任、始終如一。有段期間，我從教會世界中具有全國影響力的職位退下來，又從頭當地區教會的牧師，那時候，湯姆伸出援手，接管我發起的組織，並且繼續保持該組織的運作，直到我能夠重新接手為止。

他總是提供我絕妙的建議，充滿深度與智慧。在過去二十五年期間，當我的家庭遭遇極度困厄時期，他總是以朋友之姿陪伴在我們身邊。

我的任何成功都可以歸功於像湯姆這樣的朋友。我很幸運，有很多像他那樣德智兼備的朋友。我願意以生命擔保，全然地信任我核心圈（Inner circle）內的每個人。他們無條件地愛我，擁抱我的夢想，活出我的價值觀，向別人呈現我好的一面，維護我最大的利益，在我需要聽實話時直言不諱，在艱困時支持我，有人批評我的時候為我挺身而出。沒有他們，我無法成就任何事——就算我可以，也不願意沒有他們。

本章中，我一再強調這個觀念：當一個值得信賴的人。不過，我也知道，有些值得信賴的人卻很難信任別人。

或許別人曾經摧毀你的信任。倘若如此，請嘗試下面這三個步驟：

1. 原諒他們。正因為你站在公義的這一邊，你的權力會大過對方。但是，請記得不要濫用你的權力。

2.向對方闡明，這種背叛行為下不為例。原諒別人並不表示你允許他們繼續傷害你。

3.記得他們的好。每個人都有高潮與低潮。請根據對方最好的特質來對待他們，這需要很大的成熟度。

寬恕別人會帶給你很大的解脫。如果你想要原諒別人，並且重拾信任，那麼，請牢記前美國國務卿亨利・史汀生（Henry L. Simpson）的話：「這是我這一生中學到最重要的功課：讓一個人值得信賴的唯一方法就是去信任他；而讓他變得不堪信賴的確實方法就是不信任他，並且表現出你的不信任。」就像我前文所提，信任別人是一種風險，但是它值得你去冒這個險。倘若缺少信任，你就無法建立健康、長遠的關係。

勇敢地躍身投入吧！我並不是說，你永遠都不會受到傷害。你有可能會受傷，但是我可以說：除非你願意嘗試去信任別人，否則你將永遠不會經歷只有人際關係才能帶來的快樂滿足。

基石原理討論

❶ 假使有人不願意信任別人，他與他人連結的能力會受到什麼影響？如果有人天生就不容易信任別人，他可以做什麼事來改變這種天生的抗拒？

❷ 在一段人際關係中，倘若有一方表現出不值得信賴的行為，會造成什麼後果？請描述，關係破裂的經過。是否有某種關係是完全沒有希望的？如果你回答「沒有」，請解釋原因。如果你回答「有」，請描述要怎麼知道這段關係毫無希望。對於你生活中每一個領域的關係——朋友、同事、配偶、小孩，你的答案都相同嗎？

❸ 想想看，你是否曾經和某個人經歷過關係中的種種轉折。描述你對那段關係曾經造成的傷害，你要如何重建信任，並且「把錢存進信任帳戶」？現在，是什麼事讓你裹足不前？

❹ 有時候，信任的破壞並非出自品格上的缺陷，缺乏能力或是溝通，也會破壞信任。哪些原因會最快地侵蝕信任？而哪些原因所導致的信任破壞能夠很快地復原？請解釋。

❺ 如果某人的核心圈裡包含了不值得信賴的人，會有什麼後果？這對他成就的能力會有什麼影響？對他的品格又有何影響？要改變身邊親近的人的類型有多困難？你可以採取何種行動建立一個新的核心圈？

第13章

情勢原理：不要讓情勢凌駕於關係之上

動手解決棘手情勢，遠比讓關係破裂來得有價值。

問問自己：有時候我是否會把情勢擺在關係前面？

如果你有個畢生夢寐以求的機會，可以實現夢想、在你的專業領域中脫穎而出，在濟濟菁英間掙得一席之地、贏得冠軍錦標……你會怎麼做？

萬一你和你的目標之間，有個人阻擋在前，你會不會竭盡全力善用時勢？你會不會緊緊抓住機會？假使阻擋你去路的唯一對手正是你的親姊妹，你會怎麼做？

這就是賽瑞娜．威廉絲（Serena Williams，小威廉絲）面臨的處境。如果你是個網球迷，就會知道我說的是誰。就算你對網球不甚了解，還是很可能聽過威廉絲姊妹，或是看過以她們為主角的運動鞋廣告。維納斯．威廉絲（Venus Williams，大威廉絲）以及賽瑞娜．威廉絲兩姊妹是網壇奇葩。

她們的父親理察（Richard）說，一九七八年他在電視上看到法國網球公開賽（French Open）女網冠軍贏得大筆獎金的那一刻，他就決定如果有小孩，要把孩子培訓為職業網球手。

維納斯生於一九八〇年，賽瑞娜生於一九八一年。當維納斯四歲時，理察就開始在加州康普頓市（Compton）的公園裡教她打網球。隔年，賽瑞娜也加入他們的陣營。兩個姊妹很早就嶄露頭角，參加任何比賽總是戰無不克。一九九一年，在競爭激烈的南加州十二歲以下女子組，維納斯排名第一，而在十歲以下女子組，則由賽瑞娜領先群倫。

一般通往職業網壇的正常途徑，是留在青少年組繼續打球。然而，理察卻反向操作，舉家遷往佛羅里達州，把姊妹倆送入一所頂尖的網球學校，培訓了四年。一九九四年，當維納斯已經有資格轉往職業網壇時，理察就安排她首次出擊。她贏了第一場球，但第二場卻輸掉了，輸給全世界排名第二的女將。當記者問維納斯，請她比較這次敗陣和她以往的失敗有什麼不同，這位少女解釋說，她不知道，因為以前從來沒有輸過任何一場比賽！

隔年，銳跑（Reebok）運動鞋與維納斯簽訂高達數百萬美金的代言合約。一九九七年底，維納斯在世界女網排行第六十四名。在這同時，賽瑞娜也逐漸闖出自己的名號。十六歲時，她恰好排名世界前一〇一名。在成長過程中，兩姊妹一起受訓、一起練習，也一塊玩耍。而大威廉絲總是占上風。不過，她倆從來沒有在職業巡迴賽中對打過。

競爭也無法拆散的關係

一九九八年，該來的終究還是躲不掉。在澳洲網球公開賽（Australian Open）第二輪晉級賽中，這兩位年輕女孩終於正面交鋒。正如外界預期，大威廉絲擊敗小威廉絲。維納斯在擊敗賽瑞娜之後說：「淘汰掉自己的妹妹並不是一件好玩的事，但是我必須強悍。比賽結束後，我跟她說：『對不起，我必須把妳淘汰出局。』因為我比她大，我覺得應該要贏。」[1]

威廉絲姊妹仍然一起生活，一起訓練。她們也是雙打的常勝搭檔。一九九九年三月的立頓網球錦標賽（Lipton Championships）中，她倆終於在總決賽中對決。這是轟動網壇的大事，是一八八四年華特森（Watson）姊妹在溫布頓網球錦標賽（Wimbledon）中對決以來，百年來首次由兩個姊妹競逐職業女網冠軍的頭銜。維納斯說：「照我們打球的態勢看來，無可避免地會在決賽中碰頭，而且無可避免地，我們會再次廝殺。」[2]又一次，維納斯贏了。

那一年，賽瑞娜也嘗到獲勝的美好滋味，她贏得美國網球公開賽（U.S. Open）冠軍——這是史上首次有兩姊妹分別贏得大滿貫賽錦標（Grand Slam，譯按：大滿貫賽是指溫布頓網賽、美國公開賽、法國公開賽及澳洲公開賽，是世界四大地位最高的網球比賽）。賽瑞娜已經做好到另一更高境界的準備，她說：「我已經厭倦輸給自己應該要贏的對手。我的潛力在哪裡，就想達到那裡——就是現在。倘若我能夠發揮潛力，那麼，維納斯就是我最大的挑戰。」[3]

在一九九九年十月，剛過完十八歲生日不到一個月，賽瑞娜終於辦到了。她首度打敗姊姊，贏得慕尼黑公開賽的錦標。之後，多次打敗維納斯。二〇〇二年，成為世界排名第一的網球女將。二〇〇三年，與耐吉（Nike）簽下女性運動員有史以來最高價的代言合約——四千萬美元。

那麼，姊妹間的競爭對她倆的關係有何影響？她們是否心生嫌隙，彼此怨懟？答案是否定的。

她們一直就像小時候一樣，仍舊是彼此最好的朋友。巡迴比賽時，還住同一間房間。當賽瑞娜無緣參加二〇〇四年澳洲網球公開賽時，維納斯說她非常想念妹妹。

賽瑞娜說：「家庭第一，不論我們在多少次比賽中對打，沒有任何事可以介入我和姊姊之間。」[4]名聲、財富，或是職業排名，這些都無法介入。她們不讓任何情勢凌駕於關係之上。

你用什麼「關鍵字」形容互動？

維納斯和賽瑞娜不能挑選自己的姊妹，我們大多數人也無從選擇誰當家人。但是，我們卻能選擇對待家人的方式。我們可以選擇去呵護，或是忽略家庭關係。讓我們面對這個事實：每個家庭裡，總有人會把關係搞得異常緊繃。如何對待這位成員，仍取決於我們的選擇。

很多人期待一帆風順的關係，這真的太過天真。請看看典型結婚誓言是怎麼寫的：

> 我願娶妳作我合法的妻子，接納和扶持，從今以後，不論是好是壞，是富有或是貧窮，是快樂或悲傷，是病痛或健康，我會好好愛妳、珍惜妳。直到死亡將我們分開為止，在此，我發誓對妳忠誠不渝。

婚禮上的誓言假定生命是艱辛的，會有種種情勢可能導致分離：悲傷、貧窮、疾病和艱難時刻。問題是，當艱困時刻來臨，什麼才是我們最重要的事——是情勢，還是關係？花點時間思考一下你的關係。現在，請參考以下表列，決定什麼詞彙最能貼切形容出你的關係：

動盪	或	穩定
欺騙	或	坦白
自私	或	成熟
筋疲力竭	或	振奮精神
憂慮不安	或	安全可靠
獨裁操控	或	寬容接納
有條件的	或	無條件的
分裂	或	契合

上方這一欄所描繪的互動關係，會隨著情勢的變化而波動。而下方這一欄所描繪的互動關係，無論情勢如何變化，彼此的關係還是如磐石般屹立不搖。

比起財產、權力，更重要的事

在我的著作《贏在今天》（*Today Matters*）一書中，強調成功的人很早就做出正確的決定，並且每天履行。這做法對於價值觀、優先順序、財務、信仰、健康等相當重要——尤其對你的關係更是。**鞏固你的關係也是一種決定**。很多人在踏入婚姻時，並沒有堅定承諾，無論如何都不讓情勢凌駕於彼此關係之上。這也是離婚率居高不下的因素之一。

在此，請讓我加以釐清說明。在某些攸關生死存亡的情況下，關係必須成為次要考量。比如，當伴侶施虐時，另一方就得考慮自身安危。不過，虐待並不是導致大部分關係決裂的常見情形。有些人發現自己必須努力維繫關係，或是做出個人的犧牲，甚至有些人只覺得自己不夠「快樂」，就在這樣的局勢下，他們選擇兩手一攤、逃之夭夭。

有些人在其他方式上，違反了「情勢原理」。他們或許不會選擇背棄，然而卻待在相同的狀態下，繼續破壞關係。同樣地，比起關係，他們更在意局勢。

我也犯過相同的過錯，當孩子處於青少年階段，有時候我會太過注重處境，而忽略掉關係。結果是，我對孩子們變得不夠敏感，親子關係陷入緊張。在婚姻中，我也違反了情勢原理。我已經告訴過你，在結婚前幾年，我如何贏得每一次爭論，卻傷害我的妻子瑪格麗特。

身為一個領導者，我也曾讓局勢遮蔽了判斷，結果傷害到我與某些同仁的關係。任何時候，只要有人把局勢看得比關係還重要，原因一定出在：缺乏洞察力。這正是我對家人所犯的錯誤，也是我當領導者時犯的錯。

如果你違反了「情勢原理」，原因同樣出在這裡。要知道，「人們」比起「事情」重要多了。我們的財產、職位或權力，還有我們的計畫，都只是過眼雲煙。

面對情勢，如何保有適當的洞察力？

倘若想要保有洞察能力，避免讓情勢凌駕在關係之上，那麼，你可以問自己幾個問題。我建議你由以下五個問題開始：

一、你用「放大鏡」看過了嗎？

每當一段關係經歷艱難時刻，首先我們必須提醒自己，為什麼這關係對我們意義重大。

當孩子拿出差評成績單，當配偶忘記做某件對我們很重要的事，或是當好朋友讓我們失望，我們可能會生氣或沮喪。但是這些事件，如果**被擺在放大的全景裡，它們占的比重有多少**？你會拿什麼東西交換你的孩子？你的配偶？你的好友？其實，沒有任何東西比他們更重要。

二、與對方溝通，只傳達壞的一面？

當我還小時，我的父母擁有令人驚異的溝通能力，他們總是會向我傳達大局，就連我使壞，需要矯正和紀律時也一樣。每當我罪有應得時，他們也會打我屁股或是處罰，但同時總是會告訴我：他們愛我。當我逐漸長大能理解的時候，他們會向我**解釋其行為背後的理由**。那時候，我並不總會懂得感激，但隨著年紀增長，我才發現，他們這種舉動讓我在與他們的關係中感到十分安心。感謝他們深具洞察力，不論我有多頑劣，我總是看得清楚大局，不致迷失。

三、這是僅只一次，還是經常出現？

「僅只一次」和「經常出現」，這兩種情況有很大的不同。它們都會影響我們的關係，也都需要堅定的承諾。雖然如此，重複出現的問題更需要雙方全心的承諾，來維繫彼此的關係，並且徹底扭轉情勢。

舉例來說，如果夫妻中有一方犯了一次錯誤，導致財物損失，那麼相對來說，這問題比較容易克服，關係也比較容易維繫。但是，如果有一方持續透支、且債上加債，讓夫妻身陷債務泥沼，那麼只有雙方許下承諾，共同維繫關係、扭轉行為，他們的關係才能存活下去。

四、是否把很多事看成生死攸關的嚴重議題？

前北卡大學（University of North Carolina）籃球總教練狄恩．史密斯（Dean Smith）說：「倘若你把每一場比賽都當成生死攸關的命題……你會死很多次。」換句話說，我們需要挑選重要的戰役。如果你現在是或曾經當過青少年的父母，根據經驗你就會知道以上所言屬實。如果每出現一個問題，都與孩子戰鬥的話，你和孩子之間就會因爭吵過於頻繁，與他們愈來愈疏遠。

那麼，你如何得知自己把過多局勢看成生死攸關的嚴重議題？請回答以下問題：

- 你是否經常神經緊繃以及難過沮喪？
- 和別人談話時，你是否經常拉高嗓門？
- 你是否經常為了個人權利，以及誰是誰非而爭鬥不休？

假使這些議題日復一日地反覆出現，那麼，你的洞察力可能已經被你關閉。老是處在激動不安的狀態下，並不是健康的生活方式，也無法培養和維持健康的關係。

五、在艱困局勢下，是否傳達出毫無條件的愛？

朋友提姆．埃爾莫爾（Tim Elmore）跟我說了一個高中女孩——狄安娜（Deanna）的故事。她是個成績優異的好學生，為了升大學，選修了一門化學課並且十分努力用功。但因為某種原因，這一科就是學不來，結果她這輩子第一次被當掉。

幸運的是，狄安娜有個善於鼓勵人的老師。他對她深具信心，知道她這次表現不好並不是常態。他確信她會成功地升上大學，但是要在她的成績單打上「F」令他十分困擾。那麼，他究竟怎麼做的呢？他不可能違背良心讓她及格，所以在成績欄F的旁邊，他寫下：「並不是所有人都可以當化學家——但是，哦，我們所有人都想要當狄安娜。」

在人生某個階段，每個人在親密的關係中，都會碰到艱難的情勢。不過，並不是每個人都能妥善處理。在痛苦或是困難的當下，倘若你能夠向親近的人傳達你的愛，將能夠大大地增進關係的穩定度。

我的母親蘿拉．麥斯威爾，是我生命中情勢原理的最佳典範。每一天，她都向我傳達她毫無條件的愛。無論發生任何事，總是可以和她促膝長談。當我還小的時候，有段期間既叛逆又古怪，每天早上上學時，她常常會對我說：「約翰，我總是希望你能夠做正確的事。但是，不論你做了什麼，你要知道我依舊愛你！」

我總是希望自己能更像媽媽一點。或許在你的生命中，也會希望自己更像誰一點。請現在就下定決心，把你的關係擺在情勢之前。如果你能這樣做，將會發展出更深的信任，而你的關係將會到達一個嶄新的境界。

情勢原理討論

❶什麼樣的生活壓力，導致人們經常把關係擺在次要地位？你是否很容易讓壓力破壞你的關係？你可以做什麼改變，終止這種不健康的模式？

❷在何種情況下，關係可以正當的退位，優先考量情勢才是合理做法？在這種特殊情況下，如果不重新調整優先順序，可能會產生什麼後果？

❸你是否曾遇過把每件無關緊要的小事，都當成生死攸關的局勢來看待的人？這樣的話，會有什麼後果？如果嘗試和這種人培養良好關係，會是什麼局面？是否有可能和這種人維繫健康的關係？請解釋。

❹想想看，在某個重要關係中，你是否曾讓局勢左右你，做出不好的行為。結果發生什麼事？你是否能夠修補關係？你有道歉嗎？你現在可以做些什麼來改善或回復那段關係？

❺人生中最重要的關係就是你和直系親屬的關係。這些關係對你的意義如何？（如果你從未用書面表達這些想法或感覺，現在可以試試。）下次面對艱難局勢時，你要如何運用這些想法來保持正確的洞察力？

第14章

鮑伯原理：跟任何人都處不來的麻煩製造者

被疾病感染的密探，看什麼都像會傳染；
就好比黃疸病人的眼裡，什麼都是黃的。
—亞歷山大·波普（Alexander Pope）

問問自己：我跟每個人相處都有問題嗎？

一九八八年六月二十三日，比利．馬汀（Billy Martin）被職棒大聯盟的紐約洋基隊（New York Yankees）解雇。棒球隊的經理常常被炒魷魚，這聽起來好像不是什麼大新聞。不同的是，這是馬汀第五次在洋基隊的經理任內被解聘了！

你是否遇過這種人，他們無論走到哪裡，問題就跟到哪裡？比利．馬汀似乎就是這種例子。一九五〇年，他被洋基隊徵召為二壘手，當時洋基隊是史上陣容最堅強的團隊之一。雖然馬汀只有〇．二五七的生涯打擊率，他仍然奮鬥不懈。在世界大賽期間，表現得特別好。

在一九五三年，還獲選為世界大賽最有價值球員。他在洋基隊打球的期間（一九五〇至一九五七年），一九五四年是洋基隊唯一沒有奪冠的年度，而那是馬汀入伍服役的那一年。

雖然他戰功彪炳，但是，他的生活絕不是一帆風順。問題就出在，他老是和別人處不來。連續效力洋基七個球季後，球團把他交換出去，原因是他在某家夜店和其他洋基隊員大打出手。而這不是他第一次和人打架，當然也不會是最後一次。

馬汀離開洋基隊後，在四年的時間裡陸續待過六個球隊：堪薩斯市運動家隊（Kansas City Athletics，現為奧克蘭運動家隊）、底特律老虎隊、克里夫蘭印地安人隊、辛辛那堤紅人隊、密爾瓦基勇士隊（Milwaukee Braves，現為亞特蘭大勇士隊）、以及明尼蘇達雙城隊（Minnesota Twins）。

五進五出洋基隊的麻煩MVP

馬汀在一九六一年退休，繼續擔任教練；一九六九年，成為球隊經理。不過，他無論走到哪裡，麻煩就接踵而至。他習慣以拳頭挑起爭鬥，首次受到注意的打鬥事件發生在一九五二年，不過，這只是他一長串傳奇事端之一。

《晨報》（*The Morning News*）的托比亞斯．賽蒙（Tobias Seamon）是這樣歸納馬汀：

他〔當球員時〕鬧事與酗酒的問題，持續被帶入他的經理生涯裡。一九六九年，在擔任明尼蘇達雙城隊的經理任內，他痛毆他的明星投手大衛．波斯威爾（Dave Boswell），因次被炒魷魚。一九七四年，在德州遊騎兵隊（Texas Rangers），因為成立球員妻子俱樂部的提議，一位六十四歲的巡迴比賽祕書也被他痛擊。一九七七年，他重回洋基隊擔任經理，帶領洋基奪得世界大賽的冠軍。但是，在一次全國電視轉播比賽中，他又被看到與球員瑞吉．傑克森（Reggie Jackson）在球員休息區扭打，再度被解雇。一九七九年，再次擔任明尼蘇達雙城隊的經理任內，又痛毆了一個糖果推銷員。一九八〇年代初期，馬汀一如往常地被洋基隊聘任、解雇、再聘任，他因為喝酒和火爆脾氣而丟掉每一份工作。雖然帶領的球隊幾乎戰無不克，但是留下他的代價實在太高了。曾是洋基隊王牌投手羅恩・古德瑞（Ron Guidry）這樣說：「如果你用對的方式接近馬汀，他還算好。不過我會完全避免和他有所接觸。」[1]

馬汀老是被逐出比賽球場，他對裁判的態度常讓自己被停權，而且和雇用他的球隊老闆也處不好。（有一次，他要求合約延長五年，卻換來一紙解雇通知。）榮獲普立茲獎（Pulitzer Prize）的體育專欄作家吉姆・莫瑞（Jim Murray）說：「有些人的肩頭有一片木屑，而比利・馬汀的肩頭有一整座木材場（譯按：a chip on one's shoulder，指人愛找碴挑釁、衝動易怒的個性）。」[2]

你身邊是否也有「鮑伯炸彈」？

比利・馬汀是我所謂「鮑伯原理」的最佳例證。幾年前，我發現這個人際關係的真理：如果鮑伯和比爾相處有問題、鮑伯和佛雷德相處有問題，而鮑伯和蘇相處也有問題、鮑伯和珍相處同樣有問題、鮑伯和山姆相處還是有問題……通常，鮑伯自己就是問題所在。

比利．馬汀似乎和每個人相處都有問題，他甚至比那些職業拳擊手還更常打鬥！然而，他從未指明，是否看出自己行為處世的問題點。馬汀說：「我相信如果上帝真正地掌管人世，他必定非常主動出擊，就像我的管理風格一樣。」[3]

而被那麼多球隊一再解雇，他自己覺得原因何在？他解釋：「我被解聘是因為我不是個唯唯諾諾的人。這世界到處充滿了應聲蟲。」[4]

並不是所有的「鮑伯」都像比利．馬汀一樣對人拳腳相向。（也不是每位鮑伯都會在同一個工作崗位被解雇五次！）也許，違反「鏡子原理」的人只是無法建立良好的關係，但是鮑伯卻有本事把事情搞得天翻地覆。他不只造成自己的困擾，還為他接觸的每個人招惹問題。

那麼，你要如何辨別對方就是「鮑伯」？請注意以下四種特徵。

一、一個鮑伯，眾多問題

世界上的鮑伯走到哪裡，就把問題帶到哪裡，而且那些問題總是會造成別人麻煩。在我踏入職業生涯的前幾年，就察覺到這個事實。在每個月的執事會議中，總是有個成員會提出一項議題，說某個教友不滿我所做的某件事。立刻會有三、四個成員反應，他們也聽過類似的抱怨。我的第一個想法就是檢討自己的行為，反省過後，我仍然認為所做的沒錯。但是，如果那麼多人有意見，我就想自己是否需要再仔細考慮琢磨。

這類事件發生幾次後，我做了個決定。我和執事會議的成員進行懇談，他們同意：假使執事成員中有人聽到抱怨，他得揭露是誰說的。下次開會時，有個成員提出聽到的抱怨，其他成員也確認聽過相同的批評。當第一位成員揭露抱怨者的名字，其他人隨即說：「是同一個人。」

我覺得當時自己身處的情勢，就如同有個老農夫去找餐廳老闆，問他想不想買一百萬隻青蛙腿。老闆問他，哪裡有那麼多青蛙，老農夫回答：「我家的池塘滿滿都是青蛙。它們日夜不斷地疲勞轟炸，我都快被搞瘋了。」於是，老闆和老農達成協議，購買了數百隻青蛙腿。一週後，老農夫回到餐廳，他面露蠢狀，手提兩副乾癟細瘦的青蛙腿，結結巴巴地說：「我想我錯了，池塘裡只有兩隻青蛙而已，但是它們卻製造出超級多噪音！」

那天晚上我學到一些事，不僅發現內部有個聲音超大的人，還發現**那些會帶來麻煩的人把他們的毒液傳得既遠又廣**。你猜結果如何？接下來的好幾次會議，一旦有人提出負面批評，我們就會發現始作俑者是同一個人。

倘若身為領導者，有人告訴你「有好多抱怨」，那麼，你得找出源頭。很可能你會發現，正是同一個人製造那許多的不滿聲浪。

二、他總是不斷提出問題

鮑伯也喜歡找出問題，並且把問題展示給別人看。他是「齊碩姆第二定律」（Chisholm's Second Law）的忠實信徒：「任何時候，只要事情看起來有好轉跡象，你一定是忽略了什麼事。」

正因為有些人有這種傾向，我為幕僚同仁訂立了一項規則：每次只要有人向我展示問題，他一定得同時提出三項可能的解決方案。

看出問題並不需要多大的天賦。事實上，如果你有下功夫仔細觀察，在任何場合當中，人們都能找出問題。然而，**解決問題就需要較大的才能**。大多數的鮑伯對此可是沒啥興趣。

三、製造問題，到處點火

鮑伯總是製造問題，對於自己所做的事，慣常把別人一起拖下水。他就像這個老掉牙笑話裡的主角，一天到晚向朋友吹噓：「是的，我們家族有光榮的戰鬥傳統！我的曾曾曾祖父頑強戍守邦克山（Bunker Hill，譯按：邦克山戰役，一七七五年美國獨立革命時，與英國的一場著名戰役）；而曾祖父英勇從軍、殲滅德佬；祖父參與珍珠港之役；還有我的父親曾加入韓戰，對抗北韓。」他的朋友回答：「上帝慈悲啊！難道你的家人都不能和別人好好相處嗎？」

我教導公司的同仁，倘若他們遇到鮑伯或是其他問題製造者，有兩種選擇。每個製造事端的人就像打火機，而我們就像手中握有兩個桶子的人。一個桶子裝滿水，另一個桶子裝滿汽油。當我們看見問題之火被點燃，可以運用水桶撲滅火花；或者可以潑灑汽油讓事情愈演愈烈。如果我們想要控制鮑伯帶來的傷害，我們需要運用那桶水。

四、老是接收四面八方的問題

鮑伯總是接收別人的問題，還鼓勵別人把更多問題丟給他。當然，有時候這種人是女芭比

（Bobbie），而非男鮑伯（Bob）。幾年前，我認識某組織裡的一位女性，姑且以「貝蒂」稱呼她。她的主管在平息好幾次事端後，他發現每個事件或多或少都與貝蒂有關。他把她叫到辦公室洽談，一件件地數著他的發現，貝蒂也承認，她的確有參與，於是他們就此展開討論。

「人們老是把他們的問題倒給我。」她說，「我不是主動去找他們的，他們就是會這麼做。」

「妳想知道為什麼嗎？」他問。

「是的，我想知道。為什麼呢？」貝蒂回答。

「人們把妳當作垃圾處理場，」他回答，「垃圾車把一車車的垃圾載到垃圾集散地。而有麻煩的人會把他們的苦惱、是非閒話和滿腹牢騷，送到會收集的人那裡。因為妳允許別人把垃圾倒在妳身上，也不設法阻止，所以他們會繼續傾倒。除非妳讓他們知道自己並不受歡迎，不然他們是不會停止的。」遺憾的是，我聽說貝蒂並沒有改變。她持續讓人們來到她的桌前，繼續把他們情緒上的垃圾倒在頭上。

面對鮑伯，你可以這樣做

倘若你的生命中有個會尋找、製造，以及散布問題的鮑伯或芭比，你應該怎麼辦呢？請考慮我提供的以下建議。

用正面的評論回應

當某個負面人士企圖把問題倒在你頭上，請用正面評論來回應。

假使你們的話題是有關某個局勢，請試著找出其中的光明面；假使有關某個人，請指出你所觀察的那個人的正面特質。

對遭受批評的人，表露顧慮與關懷

任何時候，當某人的動機遭受攻訐，最好的做法是先選擇信任他。沒有任何人能夠打包票，他能完全了解某人的心，這是只有上帝才能評斷的事。除非你能親自證明某人的惡行，否則你得信任人們最好的一面，並且表達出你的信任。

鼓勵採取「主動解決」

每當有人跟你提起他和某人的問題，而沒有親自和對方溝通過，那他就是在說長道短。如果你也聽他的，那麼你也在八卦。對付八卦最好的方式就是，讓這個語多抱怨的人直接找對方談。鼓勵他和對方一對一，把事情釐清解決。

倘若他再次提起這個議題，直接了當地問他：「你已經和對方討論過了嗎？」如果他回答「沒有」，就拒絕和他討論此事。

請鮑伯講話之前，先THINK

並不是每個人對你的建議都會有正面回應。不過，如果你和鮑伯之間有強力的連結，或是你處於主導地位，那麼，你可以用以下這個縮寫字提示，請他在講話之前，先「THINK」：

- T（True）：**這是真的嗎？**
- H（Helpful）：**這有幫助嗎？**
- I（Inspiring）：**這會激勵人心嗎？**
- N（Necessary）：**這是必要的嗎？**
- K（Kind）：**這厚道嗎？**

假使這五個問題，他的答案都是肯定的，那麼他就可以繼續。

讓其他人遠離

對於鮑伯這種人，前任職棒大聯盟的球隊經理凱西．史坦戈（Casey Stengel），有絕妙建議。他說，在大部分球隊裡，一個經理會有十五名球員肯為他奮不顧身，有五名球員會討厭他，而另外五名球員則尚未決定。他相信訣竅在於：讓那五個討厭他的人，遠離那五個尚未決定者。

如果你是一個鮑伯、或是很多鮑伯的長官，而你不能或是不會把他們移出團隊，那麼，**你得隔離他們，做好災害控管**。千萬不要讓他們的負面行為擴散出去。

萬一你就是鮑伯？

假使你的生命中出現鮑伯，我已提出許多對策。但是，萬一你就是鮑伯呢？如果你不確定，可以問自己這些問題：

- 我是否幾乎每一天都會經歷某種形式的衝突？
- 別人是否經常觸怒我？
- 是否不好的事自然而然都會落在我身上？
- 我的朋友是否很少，而我希望能有更多朋友？
- 我是否似乎總是說錯話？

如果以上這些問題，你有很多答案都是「是」，那麼你很可能就是鮑伯（或是芭比）。倘若如此，請記住「洞穴定律第一條」：當你掉入洞中，請停止向下亂挖。首先，你必須做的是，**承認**自己就是鮑伯。其次，你一定要**有改變生活型態**的意願。

你不能像摩勒太太（Mrs. Mohler）一樣，她以謀害第三任丈夫的罪名受審。律師問她：「你的第一任丈夫是怎麼死的？」

「他吃了毒蘑菇中毒而死。」摩勒太太說。

「妳的第二任丈夫呢？」律師又問。

「他也是死於蘑菇中毒。」

「那麼，妳的第三任丈夫呢？」

摩勒太太回答：「他死於腦震盪。」

律師又問：「這是怎麼發生的？」

摩勒太太回答：「他就是不肯吃蘑菇。」

改變並非易事，也沒有一蹴可幾的方法。《勝過黑暗》（*Victory Over the Darkness*）作者尼爾・安德生（Neil Anderson）說：

> 根據研究顯示，在一般家庭，孩子每接收十個負面評語，才會接收到一個正面評語。在學校環境裡，這種情形只有稍微好一點。從老師那兒，孩子每接收七個負面評語，才會接收到一個正面評語。難怪，那麼多小孩在成長過程中，都覺得自己是個失敗者。父母和老師每天從和孩子說話的態度上，不斷傳達這種訊息。研究中還加以指出，每講出一句負面話語，需要四句正面陳述才能抵銷它的影響。[5]

就照著我提供的準則改變吧！在你說話前，先想想「THINK」五個問題。在任何情勢中，設法找出它的光明面。並且請求別人，讓你對自己的態度和行為負起責任。沒有人得永遠當鮑伯。

鮑伯原理討論

❶ 為什麼那麼多人喜歡蜚短流長？你要如何分辨別人講的哪些東西是閒話？你可以怎麼做，來禮貌地讓對方停止向你傳播流言？

❷ 想想看你最近一次面對「與人相關」的問題。你如何回應？那問題已經解決，還是它仍然在持續悶燒中？你的反應是把水，還是汽油灑向「火苗」？為什麼？有什麼更好的處理方法嗎？

❸ 把問題帶給你，卻沒有提出解決方案的人，是否一定就是鮑伯或芭比？這些問題是否常常跟態度有關？跟所受的訓練是否有關？當你已經施予人們適當的訓練找出解決之道，但是，有人仍舊堅持挑出問題卻不求解決，那你應該怎麼做？倘若你坐視這種行為不管，會導致何種後果？

❹ 在過去，當朋友或同事來告訴你，某人對你所做的某件事頗有意見，你如何處理？結果是正面還是負面？這對你的關係有何影響？日後，你會怎麼處理這類問題？

❺ 在尚未有反證之前，先假設人們的動機是良善的，你覺得這很困難，還是容易呢？為什麼？哪一種情形比較糟糕：指控好人有不良的動機，或是假設壞人有好的動機？你在這方面的態度如何影響關係？未來你要如何表現，為什麼？

第15章

親近原理：如何讓別人自在地與我們相處？

讓別人安心自在，這是我們能給他們最好的禮物。

問問自己：朋友是否認為我是個容易親近討論難題的人？

你是否遇過任何名人？感覺如何？你很興奮或結果是令你訝異的平淡無奇？你是否頗感失望，或是比你預期的美好？你和這個人產生連結，或是被當成討厭鬼對待？或是，你實在太過膽小退卻，連嘗試跟對方說話都不敢？

你第一次與某人會面的經驗是否美好（不論對方是否為名人），大大取決於對方的親切度。

我們都曾遇過看起來冷漠或難以親近的人，也曾遇過初次見面，就把我們當成老朋友般對待的人。這不僅是面對名流人士才會遇到的問題，這個議題和每個人息息相關。你生命中最重要的人，是否容易親近？當你需要問老闆問題時，這很容易還是困難？當你需要和配偶討論某個困難的議題，你會預期是良性的對話還是一場戰鬥？當你向密友提出敏感話題時，是否不用擔心對方會突然脾氣爆炸，把你震得七葷八素？

那麼，你呢？你身邊的人可以和你無所不談

嗎？最近一次是什麼時候，有人向你提出壞消息？或是強烈反對你的看法？還是直接面對面地跟你說，你做錯了什麼事？假使，已經許久沒有人這樣做了，你可能不是個容易親近的人。

有些人把「變成容易親近者」，看成是微不足道的瑣事；倘若有人不嫌麻煩地培養這種能力，也是好事一樁。但實際上，它的重要性不僅於此。在人際關係的百寶箱裡，這是一項威力強大的資產。以下就是有人把這項特質發揮到淋漓盡致，並且變成年收入一千二百萬美元資產的故事。

讓人什麼都告訴她的記者

她被歐普拉．溫弗蕾（Oprah Winfrey）譽為偶像和導師。幾十年來，她是螢光幕上最高薪的新聞界名人。她的薪資比起彼得．詹寧斯（Peter Jennings）、丹．拉瑟（Dan Rather）、湯姆．布羅考（Tom Brokaw）或是其他任何人都還要高。更榮獲好幾座艾美獎（Emmys）、一座皮博迪獎（Peabody Award）、美國海外新聞協會主席獎（Overseas Press Club's President's Award）、國際廣播電視學會年度最佳節目主持人獎（International Radio and Television Society's Broadcaster of the Year Award）、電視藝術學院終身成就獎（Academy of Television Arts and Sciences Lifetime Achievement Award），以及數不清的榮譽學位，並且獲選進入電視藝術學術的名人堂（Academy of Television Arts and Sciences Hall of Fame）。

她主持的節目已經持續播出超過二十年。一九九九年，她首次專訪莫妮卡．陸文斯基（Monica

Lewinsky），創下十幾年來新聞訪談節目的最高收視率。[1]她就是芭芭拉・華特絲（Barbara Walters）。為什麼人家要付給她天價的薪資呢？因為，任何人和她幾乎可以無所不談，她是全美國最易於親近的新聞界人士。

當華特絲剛開始踏入職業生涯時，只有極少數人猜到她日後會有如此高的成就。她說：「我是那種沒有人會看好成功的典型。我有一種滑稽的波士頓腔；我不會發R的音；長得也不漂亮。」[2]從莎拉・勞倫斯學院（Sarah Lawrence College）英文系畢業後，她開始工作，負擔沉重的家計。一開始她擔任祕書，然後在《傑克・巴爾》（*Jack Parr*）以及《迪克・范・戴克秀》（*The Dick Van Dyke Show*）兩個電視節目中當編劇。接著在一九六一年，得到了進入《今日秀》（*Today Show*）節目的機會，為其做研究和撰稿。三年後，她開始以《今日女孩》（*Today Girl*）走向螢光幕前。

接下來的十三年，華特絲逐漸累積作為新聞記者的公信力。一九七二年，尼克森總統（Richard Milhous Nixon）破天荒訪問中國，她是極少數獲邀同行的記者。

一九七六年，她成為新聞聯播網晚間新聞的首位女性共同主播。不過，她倍受肯定的原因是其高超的訪問能力。事實上，華特絲還寫了一本書叫《如何和每個人無所不談》（*How to Talk with Practically Anybody About Practically Anything*）。

華特絲是有史以來訪問最多政治家和明星的電視新聞記者。她訪問過自尼克森以來歷任的美國總統，贏得首次訪問埃及總統沙達特（Anwar Sadat），和以色列總理比金（Menachem Begin）的機會。並且訪問過無數位外國元首，如江澤民、葉爾欽、柴契爾夫人，還有政治人物如阿拉法特、海珊、格達費，以及卡斯楚等。幾乎任何她想訪問的電影或電視明星，都曾會談過。

華特絲節目製作人比爾・蓋迪（Bill Geddie），觀察道：「多年來，她練就一項成熟圓融的能力，讓人們在電視上說出他們從未想過自己會說出來的話。」[3]華特絲說她最喜歡訪問那些遭逢逆境的人，像是癱瘓的警官史蒂芬・麥克唐納（Steven MacDonald）；被診斷罹患癌症的棒球投手戴夫・崔復奇（Dave Dravecky）；四肢麻痺的演員克里斯多夫・李維（Christopher Reeve，譯按：主演過《超人》的知名影星，已於二〇〇四年逝世）。據說，其傑出的訪問技巧是因她從小照顧殘障的姊姊賈桂琳（Jacqueline），而培養出超凡的同理心與憐憫之情。這些特質毫無疑問有所幫助，但尋根究底，最重要的還是信任。正因人們信任華特絲，所以願意對她敞開心胸、暢所欲言。

與人和睦相處的藝術

人們會因為「讓自己不可親近」，而錯失許多與人連結與建立更深層關係的機會。請注意，在此我故意用「讓自己」這個詞。你是否可親近，這和別人是大膽、膽小並沒有關連。真正有密切關連的是你的行為舉止，以及傳遞出來的訊息。

幾年前，我讀到一則小品文「與人和睦相處的藝術」，是這麼說的：

一個人，如果夠聰明，他遲早會發現，人生總是交織著好與壞、勝與敗、施與受。他學會，太過敏感並不值得，就像水滑落鴨子背上一樣（譯按：water off a duck's back，比喻起不了作用），應該讓某些事在腦海中船過水無痕。他學會，隨意動怒的人通常是輸家，每個人偶爾都會烤焦早餐的土司，不應該把別人的牢騷看得太過嚴重。

他學會，如果自己老是易怒找碴，那麼麻煩也容易上身。他學會，讓自己不受歡迎的最快方法，就是到處傳播別人的是非流言；而推諉塞責總會自食惡果。他學會，只要任務完成，誰受到褒獎並不重要。

他學會，大多數人和自己一樣積極上進，別人的腦袋和自己一樣好，甚至更好。他學會，成功的祕訣並不是聰明，而是勤奮努力。他學會，旗開得勝絕非光靠個人努力，只有透過同心協力，才能邁向更好的境界。他了解（簡而言之）「與人和睦相處的藝術」，九八％取決於自己對待別人的行為作風。[4]

如何讓人感到安心自在？

如果你想讓自己和藹可親，讓別人容易親近，那你需要讓別人安心自在。回想一下，你所遇過所有和藹可親的人，我相信，你會發現他們通常都會展現以下七種特質。

一、溫暖：真誠地喜歡人們

你總是能夠分辨誰不喜歡人們。相反地，你也可以感覺到誰是真誠關懷別人的人。他們既溫暖又仁慈。正如克里斯丁·波維（Christian Bovee）所說：「**仁慈是一種啞巴也能說，聾人也聽得見，大家都能懂的語言。**」

經典的《花生》連環漫畫中，查理布朗說：「我熱愛全人類，我只是無法忍受人們。」要讓自己易於親近，光是理論上空談熱愛人們是不夠的，你需要親自發送溫暖給別人才行。

二、欣賞每個人的差異

我必須承認，在生命裡有段時間，我對於和自己大不相同的人很沒耐性。我很容易輕視那些缺乏我的長處的人。後來，我讀到佛羅倫斯·妮蒂雅（Florence Littauer）的《性格塑身》（*Personality Plus*）。[5]真的讓我大開眼界。我和太太瑪格麗特同時讀這本書，當我們讀到彼此的弱點時，會一起哈哈大笑；讀到彼此優點時，會同感歡欣鼓舞。書中定義了幾種性格典型：憂鬱悲觀型、暴躁易怒型、樂觀熱情型、平靜冷漠型，我們一一將朋友、家人，以及自己進行比對分類。

從此之後，我對人們有了不同看法，終於了解**有所差異是一件好事**。我會欣賞人們真實的自我，也會感激他們提供的幫助。我比較會處理自己的弱點，懂得如何讓人們截長補短、互相幫忙。這不僅讓我更加喜歡人們，也讓別人更喜歡我。欣賞別人的差異也會為你帶來相同的效果。

三、保持心情穩定

你是否曾經與這種人共事，或在他手下做事，他的情緒總是起起伏伏、喜怒無常。每天早上人們總是如履薄冰、躡手躡腳地走進辦公室，再低聲問同仁：「他今天怎麼樣？」面對這種人，你永遠不會知道對方會如何對待你。結果是，這些人總是遙不可及，無法親近。

相對地，容易親近的人總是展現心情的穩定度。他們保持一貫的平衡，並且可以預測。你知道他們會用什麼方式對你，因為每次你看到他們時，他們基本上都是一樣的態度。

四、對別人的感覺相當敏感

雖然和藹可親的人情緒相當穩定，但這並不表示他們期待別人也一樣。他們辨別得出來，其他人的心情跟自己的並不相同。所以，他們會把自己轉入對方的心情與感覺頻道，很快地調整與他人互動的方式。他們就像風帆船的船長，會測試風向，根據目前狀況調整風帆，如此才可繼續往目標前進。

愛爾蘭小說家喬治．摩爾（George Moore）指出：「我們今天的想法明天就會消逝，然而我們的感覺總是與我們同在。我們可以憑某種直覺，瞬間分辨出誰喜歡我們。」當人們感覺到另一個人與自己有相同的波長，他們就比較容易對他敞開心胸，因為他看起來容易親近。

五、了解人性弱點，也願意暴露自己的缺點

沒有什麼比起「企圖偽裝自己是完美的」還要令人掃興。我記得有一次主講某個研討會時，我大力敦促與會的領導者向其同仁承認自己的弱點。休息時，有個人來找我，他並不認為這是個好主

意。「這樣不是會讓我的員工對我沒有信心嗎？」他問。

「不會，」我回答，「你看，你會這樣擔心的前提是你假設他們還不知道你的弱點。」

小說家和編輯艾德・郝伊（Ed Howe）睿智地建議：「偶爾也要表達你的自卑；這會讓你的朋友了解，你知道如何說實話。」**容易親近的人對自己的能力以及缺點，誠實以對。他們樂意被告知自己需要聽的話，而非他們想要聽的話**。他們同樣能夠自嘲，全新擁抱這句古老的中國諺語：「自娛娛人，自得其樂。」正因為他們能夠承認弱點，便能夠容得下別人的缺失。

六、容易寬恕別人，能夠很快地請求別人寬恕

容易親近的人了解人性的弱點，並且願意暴露自己的缺陷，這讓他們變得謙卑。正因為謙卑，他們會很快地尋求別人的原諒，也很容易原諒別人。

身兼作家和老師身分的大衛・奧斯博格（David Augsburger）寫道：「我們打算做的任何事沒有一件是完美無缺的，我們嘗試做的事都會有所差錯。而我們完成的事情總是有所限度，有其缺失，這就是人性。還好，我們有寬恕作為我們的救贖。」[6]

七、真實不矯飾

每當芭芭拉・華特絲覺得不自在或是沒有安全感時，總是會背誦一句話，這是尤金・麥卡錫（Eugene McCarthy）夫人告訴她的：「我就是真實的我；我就是我看起來的樣子；我就是我的年

紀。」[7]容易親近的人很真，他們表現出來的就是本來面目。因此，他們和別人的互動也很真誠、毫不做作。他們不會偽裝成別種樣子，不會用盡手段隱瞞自己的想法和感覺。他們沒有任何隱匿的動機。他們心口合一，而且說到做到。你不用擔心自己會不知道他們的立場而手足無措。

他們能夠展現真實的自我，原因之一是擁有十足的安全感。有安全感的人不會無時無刻想要贏，也不想證明什麼。**安全感會讓人卸下所有武裝**。易於親近者在面對自己的時候，相當地安心自在，這種特質會流洩出去，讓別人也能安心自在。

關於可親近的能力，我有一點要補充——這是每一位當權者的責任！

芭芭拉・華特絲在做訪問的時候，她就是「當權者」，所以**把「讓自己易於親近」當成責任**。老闆務必負起這個責任，讓員工們得以接近；父母務必得讓孩子容易親近他們；而配偶務必要讓彼此易於親近。

當我的牧師生涯開始有點成績，先獲得州內、接著全國肯定時，我發現有些人會對我感到畏怯，主要原因應是出於我的自信。不過，我絕對不想讓別人產生反感，也不想讓他們不願和我說話。所以，我努力讓自己好親近，開始學習如何「慢慢地走過群眾」。這意思是，每當我外出進入人群之中，會設法從容地和人們說話，和他們取得連結，體會他們的感情、需要，以及渴望。

我的努力得到豐盛的回饋。我獲得人們的友誼，認識許多新朋友，並且發展出很多令人滿足的關係。在這同時，我也能夠輕鬆地做自己。因此，我大力推薦這個做法。

親近原理討論

❶ 你對自己是否感到安心自在？基本上，你有充分的安全感或是覺得很不安？你對自己的能力很有信心，還是常常自我懷疑？你喜歡自己，還是比較希望像別人？請解釋。

❷ 你是否同意，握有權力的人有責任讓他人感到安心自在？請解釋。當居於相對弱勢的一方，嘗試和握有權力的人連結，但對方毫無興趣，會產生什麼樣的結果？

❸ 當某人另有隱匿的動機時，你如何辨識？當這個隱匿動機被揭露時，會發生什麼事？當你發現別人可能有隱匿的動機，是否會讓你不願意敞開心胸，讓人親近？

❹ 想想看你所遇過陰晴不定的人，他的心情對你造成什麼影響？這種喜怒無常的個性，如何影響你們之間的關係？在什麼情況下，你變得容易情緒化？你可以做什麼，讓自己的心情不要波動得那麼劇烈？

❺ 很多不易親近的人，並不知道自己在別人的眼中是如此嚇人或是冷漠。對你的可親近度做個三百六十度的調查吧。問問你的老闆、員工、同事和家人，他們是否認為你是個容易談話的對象。請他們告訴你，最近一次聽見你誠實地自我評估是什麼時候。請他們說出你的某項弱點，看看你如何反應。你的回應將會洩漏許多實情。

第16章

戰壕原理：挖一個可以容納朋友的藏身洞

對那些你會提出請求助你一臂之力的朋友，
你也應該樂意為他們奮戰。這就是朋友的真諦。

問問自己：朋友有難時，他們會來倚靠我嗎？

幾年前，我聽達拉斯神學院（Dallas Theological Seminary）的校長查克・史溫道（Chuck Swindoll）牧師說，他在美國海軍陸戰隊服役時，學到要挖一個夠大的散兵坑（Foxhole）給朋友。這段話讓人印象深刻，我認為這真是一個很好的洞見。

如果你翻閱步兵訓練手冊，會發現有好幾種不同的散兵坑形式（海軍陸戰隊現在叫「戰壕」〔Fighting holes〕）。

一位軍人或許會發現自己正處在「倉促的戰鬥位置」，他只能就地匍匐找尋掩蔽，完全沒有準備的時間。即使有時間，也只夠挖個戰壕容納自己而已。雖然如此，專家建議：「單人的戰鬥位置……並沒有雙人的戰鬥位置來得安全。」

據說，可以容納三個人戰鬥的位置才是最好的安排。《陸軍戰場手冊》（*Army Field Manual*）指出三人戰鬥位置的效能：「一個士兵可以提供安全戒護；另一個可以做優先事項；第三個可以休息、吃飯，或是進行維修保養。比起一人或二人的配置，這樣能夠更快完成重要工作。」另外還簡要補充：「敵人也比較困難去摧毀這種戰鬥配置。必須要殺掉或是壓制住三位軍人，敵方才能達成任務。」[1]「團結力量大」的概念已經被傳頌千年。古代以色列的所羅門王寫道：

兩個人總比一個人好，
因為二人勞碌同得美好的效果。
若是跌倒，
這人可以扶起他的同伴；
若是孤身跌倒，
沒有別人扶起他，這人就有禍了。
再者，二人同睡，就都暖和；
一人獨睡，怎能暖和呢？
有人攻勝孤身一人，
若有二人便能敵擋他；
三股合成的繩子不容易折斷。[2]

跟查克．史溫道不同，我並沒有服過役。但這道理不需要當過兵才明白，在艱困時刻有好朋友為伴是多麼美妙的事。不僅在軍中，在家庭裡、或在工作場合，這都是珍貴的資產。就算在網路的高科技世界裡，它也是不可或缺的。雅虎（Yahoo!）的歷史就是很好的例子。

四個人推動好幾百萬美元的企業

「雅虎」創立於一九九四年，最初起源於兩位史丹福大學的研究生楊致遠（Jerry Yang）以及大衛・費羅（David Filo）的嗜好。這兩位電機系的學生，在電腦上建立一套分類目錄來追蹤記錄他們最喜歡的網站。不久，他們開始與別人分享這套目錄。起初，稱它為：「傑瑞的全球資訊網指南」（Jerry's Guide to the World Wide Web，譯按：傑瑞是楊致遠的英文名字）。不過，當楊致遠想到「大衛做所有的工作，而我卻獨攬所有的功勞」，於是把這套目錄改名為：「大衛和傑瑞的全球資訊網指南」（David and Jerry's Guide to the World Wide Web）。[3]後來，他們覺得這個名字太過冗長，於是把它改為簡單的Yahoo!。

一開始，提供兩種基本的服務：網站的分類目錄（類似書上的目次頁），以及網際網路的搜尋引擎（類似索引）。透過雅虎，人們終於能夠輕鬆地在網路上找出特定資訊。到了一九九四年秋天，已經有超過十萬人使用他們提供的服務。

楊和費羅看出了商機。在一九九五年三月，他們成立了Yahoo!公司，並很快地得到「紅杉資本」（Sequoia Capital）兩百萬美金的資金挹注。這兩個好友已經做好面對市場的戰鬥準備，他們已經實踐「戰壕原理」，決定並肩作戰。不過，他們知道光靠兩人的力量是無法成功的，因此積極物色經營團隊。他們找來提姆·庫格（Tim Koogle，大家都叫他T. K.）當執行長。而庫格又帶進傑夫·馬雷特（Jeffrey Mallett）來做營運長（COO）。這四人一起緊密合作，不過真正推動事務的則是庫格、馬雷特，以及楊這三個人，人們稱他們為「三劍客」。

馬雷特說：「通常，我是最實際的那個人，而傑瑞不受羈絆、活潑奔放，由庫格來作最後定奪。我只知道我們三人總是在構思，在預先準備下一個動作。」[4]而當雅虎必須面對「艾斯納（Michael Eisner，編按：當時為華特迪士尼公司執行長），威爾許（Jack Welch，編按：當時為奇異公司執行長），以及比爾·蓋茲（Bill Gates）……直接進逼我們的領域時」，馬雷特這麼形容，他們團結在一起，奮勇作戰。當眾多網路公司紛紛倒閉，雅虎仍然持續壯大。

雖然，庫格與馬雷特後來離開雅虎，繼續其他事業，但他們沒有心存芥蒂，也沒有懊惱遺憾。他們兩位與楊和費羅一起讓雅虎從不到十名員工的小公司，蛻變成公開上市好幾百萬美元的龐大企業。雅虎服務全世界最大的群眾，每個月有超過兩億的使用人次，為顧客提供全球的網路服務。[5]

檢查你的「戰壕」

生命中，我們面對各式各樣的戰役，而我們棲居的「戰壕」有很多不同的形狀和大小。其中，家庭是最重要的戰壕。（理想狀態下，它應該是與能夠信靠的人共築最安全的避風港。）其他形式則可能包括企業、運動團隊、小團體、軍旅或是其他等。當然，在這些場合陪伴我們的人也是形形色色、各式各樣。

在繼續討論前，我得和你分享我撰寫「戰壕原理」時，所下的三項假設：

1. 戰壕是給你和你朋友的，不是只給你朋友。你可以請求朋友和你一起戰鬥，但你絕不應該只是把別人送往你的戰役。當楊致遠和大衛．費羅聘用提姆．庫格時，他倆並沒有就此走開，丟下對雅虎的責任，他們與庫格搭檔、並肩作戰。

2. 在戰役之前，你已經培養出友誼。「戰壕原理」並不是把責任強加在關係疏遠的泛泛之交身上，也不是要你利用別人。在你要求朋友的幫助前，你和他必須成為真正的朋友。

3. 你也得在朋友的戰壕中，與他齊心作戰。對於那些你會提出請求助你一臂之力的朋友們，你也應該樂意為他們奮戰。這就是朋友的真諦。民權領袖馬丁．路德．金恩博士曾說：「到最後，我們不會記得敵人說過什麼，卻會記得朋友的緘默。」我絕對不願意人家說我是個沉默的朋友。

建立這些前提之後，以下就是有關「戰壕」的幾個事實。

沒有朋友的戰壕是不健康的

把自己和別人分開、企圖獨自面對世界，這樣既不健康又沒有任何助益。幾年前，加州精神健康部門（California Department of Mental Health）發起的活動標語是：「朋友可以成為你的良藥」。

以下就是促使他們發起這項運動的幾點發現：

- 倘若你把自己孤立，將比一般人英年早逝的機率高出二至三倍。無論你是否藉由運動或是戒菸妥善照顧自己的健康，都無法改變這個真相。
- 倘若你自絕於他人之外，你比較容易罹患致命的癌症。
- 倘若你離婚、分居或是喪偶，因為精神疾病而住院的機率，比起已婚人士要高出五至十倍。
- 倘若妳正懷孕，但沒有良好的個人關係，在外在壓力相同的情況下，罹患併發症的機率比起那些擁有堅固關係的孕婦要高出三倍。[6]

戰壕經驗鑄造堅固的友誼

一九八〇年代，我正領導一個全國性的神職組織，當時我積極找人幫忙想辦法，如何處理大教堂裡牧會的棘手工作。就在當時，傑克．海福德進入我的生命。他是加州梵耐斯市（Van Nuys）「行道教會」（Church on the Way）的牧師，不僅是我的好朋友，也是睿智的諮商者，更是一位毫不自私的心靈導師。如果沒有他伸出援手，我是不會成功的。

認識他超過十年的時間，我面對更加嚴苛的戰役：突發嚴重的心臟病。當傑克聽到這個消息，他打電話給我說，我對工作太過努力，應該要學習拒絕別人。然後，傑克說了我這輩子永誌不忘的話：「約翰，我知道你很難對某些人說不。請他們打電話給我吧，讓我幫你拒絕。我會讓你遠離那種狀況。」對我來說，傑克是真正的戰壕朋友。最近，傑克的女婿意外身故，我爬進他的戰壕與他為伴。比起他為我做的那些事，我謹能以此微不足道的回應來報答。

戰壕能夠證明真正的友誼

當你面對艱難情勢，就會發現誰是你真正的朋友。當佩普爾．羅傑斯（Pepper Rodgers）在加州大學洛杉磯分校（UCLA）擔任足球教練時，曾有過幾個非常艱困的球季。他回想起某個特別糟糕的一年，告訴記者：「我的狗幾乎就是我唯一的朋友。我跟太太說每個男人至少需要兩個朋友，結果，她又買了一隻給我。」

虛假的朋友就像我們的影子，當我們走在陽光下，他對我們亦步亦趨，但是當我們跨入陰暗處，立刻不見蹤影。而真正的朋友會在我們遭逢困難時，與我們並肩奮戰。正如這句古老諺語所說：「在順遂時，朋友知道我們是誰；在困厄時，我們知道誰才是朋友。」

保守祕密、銷毀醜照的忠實朋友

據說，當班傑明．富蘭克林簽署《獨立宣言》（Declaration of Independence）時，他說：「的確，我們必須團結一致，否則，可以肯定的是，我們會分別被吊死。」他了解，在嚴重衝突的時候，維持強而有力的結盟能夠匯聚極大的力量。從各方面來看，富蘭克林終其一生對他的同袍都是忠實的朋友，也是他們可信靠的同盟。

你或許有許多朋友，但是他們並不是所有人都可以成為你的戰壕夥伴。同理，在你的生命中，也不可能來者不拒，成為所有人的同盟。戰壕的友誼是十分特別的。在你同意與人並肩作戰之前，以下五點必須牢記在心。

一、戰壕朋友稀少而珍貴

美國南北戰爭期間，林肯總統收到許多赦免逃兵死刑的請託。通常，每個請託都會夾帶很多來自朋友以及有力人士的證詞信件。

有天，總統收到一個請求赦免的懇求，不過突兀的是，它並沒有附帶任何證明或信件擔保那位囚犯。他覺得奇怪，便向負責的軍官詢問。詫異的是，執勤的軍官表示，那個士兵沒有任何朋友，而他整個家族都在戰時被殺死。總統考量這項資訊後，告訴他，明早會就此事做出決定。

林肯總統整夜就此事反覆思量。特赦並不是小事，駁回死刑的裁決可能會傳遞出錯誤訊息給其他官兵。然而他也發現，要對這麼孤立於世的人毫無憐憫之情著實困難。隔天早上，當軍官詢問總統的決定，總統回覆，因為一位朋友的證詞促使他做出最後決定。

這讓軍官大吃一驚，立刻提醒總統，這個請求並沒有附帶任何參考信件。林肯簡短地回答：「我將當他的朋友。」然後他簽署請求，特赦了那位士兵。

在你的生命中，如果有人願意跟你並肩作戰，請珍惜看重他們，因為這種人實在非常罕見。

二、戰壕朋友隨時提供力量

在戰鬥時刻，倘若有人願與你共同作戰當然會讓你獲益良多。不過，就算在戰前，光知道某人信任你並且願意為你而戰，便足夠使人振奮。希臘哲學家伊比鳩魯（Epicurus）說：「**並不是朋友的幫助真的有多大助益，而是確信『他們將會幫助我們』的認知大大地幫助了我們。**」

想想看，你的父母、老師、老闆或是教練，他們曾經竭盡心力地表達對你的信任。被信賴的感覺是否十分美妙？這樣的人是否對你的生命造成很大的影響？如果是的話，請找時間向他們致謝。並且向那些你願意為他們而戰的人，表達你的信任，對他們做出相同的投資。

三、戰壕朋友和你有相同的觀點

五歲的崔西（Tracy）問爸爸，她可不可以去隔壁的朋友家玩。爸爸回答，只要她在六點前回家吃晚飯就可以。六點到了，崔西還是不見人影。爸爸等了約二十五分鐘，她才終於開門進來。爸爸極力耐著性子，問她到底跑哪去了。

「對不起，爸爸，回來晚了，」她回答：「因為我要離開時，朋友的洋娃娃摔壞了。」

「哦，原來如此，」他說，「所以妳幫她修理囉？」

「不是，我幫她一起哭。」

和你一起爬進戰壕的朋友，會用你的觀點來看事情，而且他們對你的處境深具同理心。這讓他們不僅幫了大忙，還給予極大的安慰。

四、戰壕朋友讓我們的生命有所不同

與我們一同面對生命中重大戰役的朋友，對我們生命的影響極大。我提過，在一九九八年的十二月十八日我心臟病突發。那天清早，當我正為生命奮戰時，我的助理琳達．艾格斯（Linda Eggers）打了一通電話，讓一位我幾乎不認識的人爬進戰壕和我一同作戰，而他拯救了我的性命。

就在事發前幾個月，我和約翰．布萊特．凱吉醫師共進午餐，他是納許維爾市（Nashville）的心臟科醫師，因為關心我的健康，曾允諾「竭盡所能地」幫我。因此，當琳達打電話給他，他立刻打電話給在亞特蘭大（Atlanta）的同事傑夫．馬歇爾醫師（Dr. Jeff Marshall），而馬歇爾醫師救了我一命。人際關係真的可以影響人的生死存亡，這是一個明證。

五、戰壕朋友無條件地愛我們

據說，朋友就是……

- 會保守你的祕密，永不洩露，甚至遭受酷刑或是用巧克力利誘，也不為所動。（以我太太的例子，是脆皮乳酪甜甜圈。）
- 那張讓你看來像擱淺在沙灘的鯨魚照片，他會默默地幫你銷毀。
- 知道「你根本不知道自己在說什麼」，但會讓你獨自歸納出這個結論。
- 他和你一起節食，也和你一起放棄。

戰壕朋友就像這樣，還不只於此。他們會跟你一起面對任何危險，為你做任何事。他們會傾其所有獻與你。作家雷斯理・魏德海（Leslie D. Weatherhead），同時是倫敦前「城市教會」（City Temple）的牧師，曾寫了有關戰壕朋友的故事。兩個朋友一起當兵，當其中一位士兵受傷無法安全返回時，他的好友違抗長官的命令，出去尋找。後來，他把朋友帶回來了，朋友已死，他也傷重垂危。長官很生氣，「我叫你不要去，現在可好，我失去你們兩位，這實在太不值得了。」

這位垂死的軍人回答：「不，長官，這樣很值得。因為當我找到他的時候，他說：『吉姆，我就知道你會來。』」

不像這兩位軍人，你面對的戰役或許不是真實戰場上的廝殺。這些戰役也許無關生死，但是無論如何，你是否比較喜歡有朋友與你同一陣線？假使是的話，你也得當別人的戰壕朋友，讓別人在任何情勢下，都能信賴你。

在繼續之前，先讓我們複習有關信任的人際原則：

- **基石原理**：信任是所有關係的基石；
- **情勢原理**：千萬不要把目前的情勢，看得比你的關係還重要；
- **鮑伯原理**：當鮑伯跟每個人相處都有問題的時候，通常鮑伯自己就是問題所在；
- **親近原理**：如果我們能夠放鬆自處，會幫助別人自在地與我們相處；
- **戰壕原理**：在做戰鬥準備時，要挖一個夠大的藏身洞以便容納朋友。

戰壕原理討論

❶是什麼原因讓一個人願意為他人而戰？這通常是出自無私的動機嗎？而動機很重要嗎？它會改變最後的結局嗎？

❷「戰壕原理」中，同理心在哪裡發揮作用？它是人們在作戰之前，還是作戰之後，才培養出來的？還有什麼其他因素，比方價值觀、優先事項、願景等，會影響「戰壕原理」？

❸你對其他人來講，是什麼樣的朋友？你是否曾經與朋友、同事或家人「一起蹲在戰壕裡」？你如何決定是否要當某人的「戰壕朋友」？

❹你認為，為什麼有些人會單獨「爬入戰壕」？他們這樣做是因為他們喜歡這種方式，還是因為他們並未完善地建立關係？倘若一個人必須持續地孤軍奮鬥，這樣對他會有什麼影響？

❺在怎樣的情勢下，你比較可能會和某人在並肩作戰前，先培養出友誼？而在何種情勢下，你不得不背水一戰，而在作戰當中發展出友誼？這兩種不同情況下發展出的友誼關係，是同樣深入或長遠嗎？請解釋。

第四部

投資他人：有哪種投資會長長久久呢？答案是人！

如果一個人眼中只有自己，所有出發點都是為自己謀利益，

那麼，他無法活得快樂。

假使你希望為自己而活，你必須同時為他人而活才行。

——辛尼卡（Seneca）

學習過前三部的人際原則後，若已預備好回答先前的問題：在人際關係方面，我們是否已做好準備？我們是否願意把焦點放在他人身上？我們可以建立彼此的互信嗎？

在人際關係中，就已擁有強健的體質。知道放下個人包袱，才能在情緒上做好準備迎接關係；能夠與他人產生良好的連結；和別人相處時，能夠產生信任。然而，如果就此打住、不再前進，將會錯過人際關係中最美好的部分。於是，我們來到這個「投資的問題」：我們是否樂意投資他人？你或許會覺得疑惑，為什麼我認為這很重要。你甚至會問：「為什麼有人會花時間、精力投資別人？」想找出答案嗎？你可以想一想：

或許你可以建造一棟華麗屋宇，但是，它終將傾頹。

或許你會發展出很好的職業生涯，但總有一天，它將戛然而止。

或許你可以積聚一大筆金錢，但你帶不走它。

或許你現在擁有強健體魄，但隨著時間的流逝，它終將衰弱。

或許你對自己的成就感到自豪，但總有人會超越你。

有很多人投資在這些事情上面，但它們是短暫的。那有哪種投資會長長久久呢？答案是人！在這世上，有什麼東西會比人更重要？關係就像其他事情一樣，報酬取決於投資。有時候，當我在研討會中擔任主講，年輕的領導者提問，「我喜歡做你在做的事。要如何才能得到像這樣的上場機會呢？」老實說，聽到這種問題總讓我暗自發笑。

有時我會回答：「你或許想做我現在做的事；不過為了達到目標，你是否願意做我做過的事呢？」

他們看到的是明亮的聚光燈以及龐大的聽眾席。然而他們沒有看到，幾十年來我教導小小群眾所花費的心力，這樣做沒有任何收入，純粹只因為我熱愛這份工作；也沒看到，在無法負擔助理費用前，瑪格麗特和我有好幾百次拖著塞滿書本和筆記本的破爛箱子上下飛機；也沒有想到，我們有好幾千個小時在旅途中奔波，待在不舒服的旅館，忍受差勁的飲食。真正的工作總在幕後發生，他們今天看到的，是我們三十幾年來在聚光燈外，扎扎實實的努力成果。最美妙的關係也是這麼來的，它們需要幕後的辛勤耕耘。

一旦你確實了解人們，請學習在他們身上投資。無私付出必定會為你帶來最美妙的關係。以下五項人際原則，提供最重要方法的真知灼見，使我們能投資在人際關係上。

- **花圃原理**：所有的關係都需要細細栽培耕耘；
- **一〇一%原理**：找出彼此認同的一%，然後投注一〇〇%的努力；
- **耐心原理**：和別人同行的旅程，總是比一人獨行來得慢；
- **慶祝原理**：真正考驗友誼的，不僅是當朋友失敗時，我們有多忠誠，而是當他們成功時，我們有多興奮；
- **高層次原理**：待別人比他們待我們還要好時，我們的層次已經提升至更高境界。

第17章

花圃原理：你今天耕耘「人際花圃」了嗎？

友誼就像金錢一樣，易賺難守。

——塞繆爾·巴特勒（Samuel Butler）

● 問問自己：我是偶一為之還是持續不斷地培育關係？

一九九七年，體育專欄作家米奇·艾爾邦（Mitch Albom）出版了《最後十四堂星期二的課》（*Tuesdays with Morrie*）。這本書涵蓋了墨瑞·史瓦茲（Morrie Schwartz）一生的智慧。史瓦茲是艾爾邦讀大學時的教授，也是他的心靈導師，那時罹患了葛雷克氏症（Lou Gehrig's disease，俗稱漸凍人症），正逐步接近死亡。

一九九五年，《夜線》（*Nightline*）的節目主持人泰德·科佩爾（Ted Koppel）專訪史瓦茲，艾爾邦看到那集節目，在失去聯絡二十年後，再度與史瓦茲重逢，並且與這位精神導師培養出更深層的關係。《最後十四堂星期二的課》就是他們每週二會面的結果。這本書甫上市就高居《紐約時報》暢銷書排行榜達四年之久。

二〇〇四年三月，這本書的印量已經高達五百萬本，並且被翻譯成三十種語言，在三十四個國家出版，還被拍成電視影集，勇奪艾美獎。[1]

讀者們都很想知道，在這本暢銷書之後，艾爾邦接下來會推出什麼作品。很多人希望他寫續集。「在《最後十四堂星期二的課》之後，」艾爾邦說，「我被種種提議淹沒，像是《最後十四堂星期三的課》《最後十四堂星期四的課》，還有《墨瑞的心靈雞湯》等。這些都被我拒絕了，因為我想說的都說了。」[2]所以，二〇〇三年時，他出版《在天堂遇見的五個人》（*The five People You Meet in Heaven*）讓許多人深感驚訝，並不是因為這本書與墨瑞無關，而是因為與他之前出版過的七本書性質迥異，這是一本小說體裁的書。

在天堂遇見的五個人

這本書描述一位八十三歲的遊樂場員工，自認過著無足輕重的人生，名叫艾迪（Eddie）。但是，當他死後來到天堂，卻了解到自己為別人帶來的影響。有趣的是，這本書的創作動機是根據真人而來：艾爾邦的舅舅。

艾爾邦這樣形容他的舅舅艾德華・拜許曼（Edward Beitchman）：「他的身形矮胖精壯、厚下巴，還有著寬闊結實的胸膛。一九〇八年出生在一個貧窮的移民社區，雙親都是貧窮的移民。他是九個小孩中的一個，既不是最年幼的、也不是最年長的，卻是最強悍的。」艾爾邦說：「他是我們家譜裡的冠軍人物，比起任何我認識的人都還要強壯。」[3]

艾迪舅舅是艾爾邦小時候的英雄。從第二次世界大戰退役後，他開計程車維生、同時在工廠做工。有一次，甚至徒手對抗一個想要殺死他的乘客。艾爾邦說：「那個窮凶惡極的歹徒企圖用刀割裂他的喉嚨，艾迪一把抓住刀身，緊緊地掐住它，那個原本可能成為殺手的人就逃跑了。」[4]

艾迪也宣稱，在一次緊急的開心手術中，他睜開雙眼，看到一群已死的親戚團坐在床沿等他。艾迪向他們嗆聲：「滾開！老子還不打算加入你們。」[5]

艾爾邦長大後變成一位成功的專欄記者。雖然，沒有和大學的心靈導師墨瑞．史瓦茲保持聯繫，但他和艾迪舅舅一直都有聯絡。當他出差至全國各地跑新聞時，都會打電話給年邁的舅舅。艾爾邦說，一輩子從未實現夢想的艾迪舅舅，接到他的電話總是非常興奮，對於他在旅途中的膽大冒險總是聽得興味盎然。

艾迪舅舅對艾爾邦有很深遠的影響，但是直到舅舅去世，卻從未讓他知道這事。艾爾邦承認：「在舅舅的喪禮上，我發表弔文，才唸到一半，就開始崩潰、哭得不能自已。的確，我很哀傷，不過，也很後悔。我從未當面向他說那些傾慕、感激的話。」[6]

所有關係都需要細心耕耘才得以成長。雖然艾爾邦和舅舅之間有聯繫，但是這關係一直停滯在小時候的狀態，卻從未讓這關係更深入地發展。

現在，他終於知道，自己錯過了一個那麼好的機會。艾爾邦說：「在我們的生命中都有一些了不起的人士，但當他們離去時，我們所能做的似乎只剩下懷念。我想念艾迪那種沉穩安靜的強悍……在我小時候，舅舅對我來說是如此神奇，我終於明白自己從未遇過像他那麼神奇的人。他應該知道這一點。我好希望我曾親口告訴他。」[7]

你的「人際花圃」是否欣欣向榮？

你不可能忽視關係，卻又期待它欣欣向榮。這個意思並不是說，所有關係都一樣，需要你投入相同的時間與關注。事實是，**關係的性質和目標將決定你培育它時，所需投入的時間與精力**。想想看你生命中個人與職業上的人際關係，你投注了多少努力？你是否對所有的關係都一視同仁？當然不是！而你也不應該這麼做。每一種關係都是不同的，但是它們大致歸入以下三種類型。

因為某個原因進入我們生命

很多關係十分短暫，並且它們的發生是基於特定原因。有時候，這些關係來了又去，一下子便消失無蹤。有時候這些關係雖然仍是進行式，但卻是斷斷續續。這種關係只需要短暫、定期地培育即可。我和醫師之間的關係就屬於這種例子。倘若在一九九八年，我的心臟病沒有發作，我永遠不會遇到我的心臟科醫師——傑夫．馬歇爾醫師，我也把他當成我的朋友。但是，一年才和他見幾次面，而每次碰面都和我的健康有關。

在某段時間進入我們的生命

第二種形態的關係，只持續一段時間。這種關係或許短則持續幾週、長則至數年的時間。大部分時候，他們和我們當下的處境或是環境有關。不過，這些關係並不會因為短暫就不重要。這些關係的培育應該配合適當的時節。我們和孩子的老師以及教練的關係，通常都具時節性。很多工作上的關係也是如此。也許你喜歡和老闆共事，不過，工作就是你們之間僅有的聯繫。當你轉往其他工作，沒有理由或是機會繼續保持聯絡。有時候，這些關係就是依循著這種模式。

有些人永遠地進入生命中

第三類的關係不但持續進行，而且也是恆久的。這種關係不但很少，也很特別。如果我們想要讓它們保持健康、茁壯成長，就必須持續培育灌溉。否則，它們很容易便會枯萎凋謝。

親密的友誼對我們來說最為珍貴，就像其他有價值的東西一樣，它們也需要我們相對付出。我們不可能一方面忽視它，一方面又期盼它欣欣向榮。劇作家蕭伯納（George Bernard Shaw）有次寫了個短箋給朋友阿契巴德．韓德森（Archibald Henderson）：「我忽略你好久好久。這是因為，我必須忽略那些即使被忽略也不會立即毀壞的事，而部分原因是你已經進入我的至交知己圈了。對於至交知己，通常人們是不會想到顧慮他們的感覺的。」蕭伯納一定知道他與這位朋友的關係極需要被關注，他想要拯救這段關係。對一段美好的友誼，你願意付出什麼樣的代價呢？

這世上最重要的關係，就是我們與配偶之間的關係。男人和女人是如此地不同，要培育非常良好的關係並非易事。最近，我偶然讀到一篇嘲弄性別差異的幽默小品：

- 男人會花兩塊錢去買他喜歡的東西，即使這東西只值一塊錢；女人會花一塊錢去買價值兩塊錢的東西，即使這東西她根本不喜歡。

●女人在找到丈夫之前總是擔憂未來；男人在找到妻子之後才開始擔憂起未來。

●所謂成功的男人就是賺的錢比太太花掉得多；所謂成功的女人就是能夠找到這樣的男人。

●要和男人快樂相處，你必須非常了解他，並且少愛他一點；要和女人快樂相處，你必須非常愛她，但千萬不要試圖了解她。

●已婚男人比起單身男士較為長壽，但是，已婚男士卻更樂意去尋死。

●任何已婚男人應該忘記自己的錯誤——動用兩個人記住相同的事情，一點益處都沒有。

●女人嫁給男人，期待他會改變，可是他依舊故我；男人娶女人，期待她不會改變，可是她還是變了。

●在任何爭吵當中，作出最後裁決的總是女人；男人在那之後還繼續說的話，就會成為新爭論的開端。

●男人有兩段時間不了解女人：結婚前和結婚後。8

蘇格拉底說：「無論如何都要結婚。如果娶到好妻子，你將過著快樂的日子；如果娶到壞妻子，你會成為哲學家。」選擇對的結婚伴侶相當重要，不過，這僅是發展出良好婚姻過程中的一部分。在結婚之前，焦點要放在未來的伴侶上面。而在結婚之後，焦點必須轉移到我們自己身上。約會顯現最好的一面；婚姻則揭露其餘的部分。正如任何長期的關係一樣，婚姻需要我們：

●艱辛地歷經困難陰霾；

●為許多必須的事物奮鬥；

●耐心地等待需要時間的事；
●注意任何會造成傷害的事；
●告別個人的私心。

這些都是你應該細細耕耘的層面。任何婚姻伴侶，如果沒有刻意地培植這種親密關係，那麼將會各走各的，終至離散。令人難過的事實是，結婚五年之後，有些夫婦僅存的共同點只剩結婚紀念日。或許，有些婚姻真的是天作之合，然而這些婚姻的維繫仍要靠世人扎扎實實地努力。

有個故事可以闡釋我的意思。一對從未謀面的男女，同處在火車的一節臥鋪裡。在最初的尷尬過後，兩個人都嘗試要就寢——女人睡在上鋪，男人睡在下鋪。半夜，那個女人往下探說：「很抱歉打擾你，我感到很冷很冷，不知道你可不可以遞給我另外一條毯子。」

那個男人也探出身子，眼睛發亮地說：「我有一個好主意，不如假裝我們是夫婦。」

「這樣也好。」女人咯咯地笑。

「好吧，」男人回答，「那麼，自己下來拿毯子吧！」

配偶、父母或朋友，持續培育重要關係的方法

「培育關係」究竟是什麼意思？不論你身為配偶、父母，或是朋友，只要藉著以下六個方法，

你都可以開始培育一種健康、成長茁壯的關係。

一、承諾

性學研究者金賽博士（Dr. Alfred Kinsey）觀察道：「婚姻中最重要的是，堅持下去的決心。擁有這種決心的話，人們會逼迫自己努力去調適並且接受現實。否則，當情勢似乎足以構成離婚時，夫妻就會斷然分手。」對結婚的夫妻來說，堅定的承諾是最珍貴的資產之一。這也是所有深入的關係都具備的特質。

政治思想家湯姆斯．潘恩（Thomas Paine）主張：「**太容易取得的東西，我們不會重視；只有費盡心力獲得的東西才會被加以珍惜**。」任何長久的關係都會經歷壓力與挫折。兩個人不會在每件事情上都有相同的意見，就連最好的朋友也得面對衝突。問題是，當困難來臨時，你該怎麼做？你的決心有多堅定？你下定決心維繫關係，還是避免衝突？

你的答案或許可以決定，你的關係是持續終生，還是短暫即逝。

二、溝通

沒有溝通豈能建構關係？關係的形成通常始於簡單的溝通。有時候，只要一個小小火花就足以點燃友誼。然而，**更深層的關係則需要更多艱難的溝通**。作家西德尼．哈里斯相信：「在和一個人意見相左之前，你絕對不可能了解他或她任何重要的特質；只有在彼此理念抵觸的時候，才會揭露出真實的本性。」而關係的永續維繫，則需透過持續用心的溝通。

我和瑪格麗特結婚後最初幾年，我發現當我下班回家看見她的時候，我倆之間的溝通一點都不令人興奮。她會問我白天發生了什麼事，我並不太熱衷跟她討論。後來，我琢磨出原因何在：大部分上班時間中，我已經跟同事或是助理分享過最令人高興的事。所以，我沒啥興致向瑪格麗特再重複一遍。

我知道這需要改變，我的解決方案是？每當白天有什麼重大事件或是令人興奮的事發生，我會把它記在一張三乘五大小的卡片上。我會忍住不告訴任何人，把它保留至回到家的時候。這樣一來，瑪格麗特就是第一個聽到的人，她就能夠接收到我的第一手熱忱。

三、友誼

評論家塞繆爾．詹森說：「假使一個人沒有隨著生命的遞嬗而結識新朋友，那麼，他很快便會發現自己孤獨一人；友誼應該持續地檢修才對。」這句話無論是舊友誼或是新友誼都適用。

我認為，我們有時候會把身邊最親近的人視為理所當然，結果是，我們總是忽略了優先把他們當成好朋友對待。因此，我經常提醒自己，對於瑪格麗特，我要先當她的好朋友，再來扮演其他角色。我設法把她的顧慮擺在第一優先順位。

當我倆有所衝突，或是她遲疑著做不出決定時，我會告訴她「我是妳最好的朋友」，來提醒她：我會照料她、看顧她。

四、記憶

我相信，共同的記憶是連結的絕佳來源，它讓人們彼此相繫。你是否曾參加同學會，或是和十年、二十年、三十年沒見的朋友碰面？是什麼原因讓你們幾乎一見面就重新連結起來？答案是，你們之間共有的經歷！

我的孩子都已經成年、結婚，也都組織了自己的家庭、有了自己的小孩。但在他們還是青少年的時候，就像很多父母一樣，我們會擔心他們與我們疏離，走偏了方向。不過同時，我們也知道，需要給他們更多的自由來學習獨立自主。為了讓親子之間維持堅固的連結，但又不採取逼迫手段，方法之一就是創造家庭歷史。我們經常全家一起出遊，共同參與許多精心設計的活動來產生正面的記憶。當孩子們的獨立需求可能會鬆動親子的連結，這時候，這些共同記憶可以給予正面反饋，讓孩子們細細沉思回味。

五、成長

班傑明．富蘭克林說：「諾言或許可以讓你結交朋友，但你的所作所為才是維繫住友誼的關鍵。」任何友誼開始時，它總是充滿承諾。不過，你得找出方法，讓友誼維持新鮮和穩固，如此一來，它才能不斷地發揮潛力，而不是徒留美好回憶而已。一個做法就是**讓彼此共同成長**。

在我任職加州聖地牙哥天際教會的主任牧師時，有四位同仁和我一起工作超過十年，這在教會的世界實在非常罕見。原因之一是因為我們選擇共同成長。每次，當我參加任何有關個人成長的研討會或是會議時，總會帶人一起去。他們持續地和我一起學習、一起分享。另外，每個月我都會教授同仁個人成長的課程。種種努力創造出令人興奮的環境，讓我們能夠共同愉悅地成長。

六、寵愛彼此

伏爾泰（Voltaire）寫道：「如果說友誼的第一定律是要好好地栽培耕耘，那麼，第二定律就是當第一定律被忽略時，要寵愛對方。」寵愛任何人是不可能出錯的——除非對方是你的小孩。儘管我們明知道不可以寵小孩，卻很難做到。

我總是設法時時給我的朋友們一些小小的寵溺，而瑪格麗特和我則是不斷地寵愛對方，更別說我們是如何對待孫子的！盡可能地隨時讓你的朋友和家人知道你有多關心他們。千萬不要像米奇·艾爾邦懷念舅舅一樣，徒留遺憾。

前美國總統雷根的夫人——南茜·雷根（Nancy Reagan）說：「我堅決相信，你必須細細地呵護培養任何關係。在我朋友的生命當中，我仍然占有一席之地，正如他們在我生命之中也擁有相當大的比重一樣。倘若第一夫人缺乏這種力量與慰藉的泉源，那麼她很可能會喪失洞察力，並且變得孤立無援。」不論對公眾人物，或是對我們每一個人來說，這都是事實。

我們和別人發展出的友誼可以豐富我們的生命品質。但是，假使我們不去努力耕耘，這些友誼便會消逝無蹤。這就是為什麼我們需要去實踐「花圃原理」。

花圃原理討論

❶在人際關係中，請指出幾個彼此正面溝通的有效方式。因為不同的關係型態而採取不同的溝通方式，是否會比較適當？對你最看重的關係，哪一種溝通方式最為有效？

❷你要如何分辨，哪種關係只能短暫持續，而哪種關係有潛力維持一輩子？你最重要的長期關係是怎麼開始的？你現在跟誰有某種短期關係，而此關係是否有可能更為深入？你要如何測試衡量這段關係，看它是否能夠進展至更高的層次？

❸你如何決定要把時間花在與誰共度？你是根據關係的重要性來決定嗎？你會為最重要的人排出時間，然後小心翼翼地守護這段關係嗎？或是，你的行事曆是根據「先來後到」的順序來排行程？對於你目前的做法，是否滿意？如果不滿意的話，要如何改善？

❹本章提到共度艱難議題的重要性。在重要關係之中，為什麼有人會讓困難的議題懸而未決呢？你認為，是否有任何正當理由不去處理這些問題？你和某個重要的人之間，是否有尚未面對，卻又應該處理的問題呢？你打算何時解決？

❺你最近一次寵愛另一半或其他重要的人是什麼時候？這是你經常做的事，還是你壓根沒想到這些？請解釋原因。你可以怎麼做來改善這種情況？

第18章

一〇一%原理：找出認同的一%，投注一〇〇%努力

無論處在何種關係，改變永遠應該從彼此的共通點開始。找出彼此的共識，然後以此為出發點進而往外拓展。

● 問問自己：是否能夠找出共同點，投注百分之百的努力？

有時候，建立關係是一條艱辛的上坡路，而和另一個人產生連結有可能特別困難。對於那些和你似乎毫無共同點的人，如何才能產生連結？在這種情況下，你是否能夠搭起關係的橋梁呢？

如果答案是肯定的，你們的關係是否健康、恆久，並且具備豐沛的能量？這些都是合理的問題。讓我們面對它吧。

當你看出自己和別人之間並沒有共通點，如何產生連結就變成一項挑戰，你應該怎麼做？我們可以在「一〇一%原理」中找到解答。當「建立連結」成為棘手的挑戰，你必須找出彼此都認同的共通點。對任何人，幾乎都可以採取這種做法。不過問題是，很多人自然地反其道而行；他們尋找彼此的差異。為什麼呢？

有時候，是因為競爭的天性，人們總想找出自己的優勢；有時候，是因為人們想要突顯自己，找出自己的獨特性。其餘時候，則是人們因為感受到

對方的威脅，所以轉而專注在彼此的差異上。

然而，**要產生連結，人們需要找出共同點**。其實，大多數人在很多方面都有相同看法。就連那種最怪異的人，也可以找出意見相同之處。一旦找出共同點，他們就必須傾全力投注百分百的努力。差異愈大，專注在雙方贊同之處就愈形重要，也愈需要付出更大的努力。這樣做並不容易，但是卻能夠產生非凡的效益。以下的故事闡明了這個道理。

腳踏車技工如何成功，借錢給通用汽車老闆？

查爾斯．霍華德（Charles Howard）是企業家中的企業家。一九〇三年，在美國騎兵團服完役後的霍華德，原在紐約當一名腳踏車技工，最後決定到西部追求發展。他落腳舊金山（San Francisco），在市中心開了家腳踏車維修行。那時候，汽車還是種新奇（而且不怎麼可靠）的罕見工具，而且也沒有任何汽車修車行。因此，汽車車主開始去店裡請他維修，他也願意在汽車修理上試試身手。沒有多久，霍華德就看出其中龐大的商機。

很快地，他跳上開往底特律（Detroit）的火車，設法和別克公司（Buick）總裁、也是後來通用汽車公司（General Motors）創辦人──威廉．杜蘭特（William C. Durant）碰面。杜蘭特很喜歡這個年輕人，便雇用了他。不久，霍華德就取得別克汽車在舊金山的銷售總代理權。一九〇五年，二十八歲的霍華德正式開張了第一家別克汽車專賣店，店裡展示他在底特律購得的三輛汽車。

起初，事情進行得並不順利，不過，在一九〇六年的舊金山大地震和火災後，霍華德抓準了市場對汽車的需求。他運用天生敏銳的商機嗅覺，以及優異的促銷能力，開始獲致極大的成功。一九〇九年，霍華德拓展他的商業觸角，取得別克、全國（National），以及奧斯摩比（Oldsmobile）車系的美國西部獨家代理權。這個企業為這位汽車先鋒帶來巨大的財富。

後來，杜蘭特因擴展太快而面臨破產時，霍華德雪中送炭地借給他一筆十九萬美金的個人貸款，杜蘭特稍後用通用汽車的股票以及總銷售量的部分金額來償還。霍華德實在非常成功，就連一九二九年毀掉許多人的股市大崩盤也無法摧毀他。

一九三〇年代早期，這位由老騎兵成功轉型的汽車鉅子，重燃起自己對馬的熱愛，在朋友帶領下對賽馬產生興趣。他決定，如果要擁有純種馬，就要最頂尖的。他買了幾匹馬，然後開始尋找馴馬師。他找到的人就是五十六歲的湯姆．史密斯（Tom Smith），一位典型的舊西部人物。

這兩個人實在是南轅北轍、截然不同。霍華德是一位傑出的銷售員和推銷員；而史密斯卻安靜沉默、絕少講話，他可以花好幾個小時、好幾天持續觀察馬兒的一舉一動。霍華德是見慣各式奢華排場的大商人，而史密斯這位老牛仔卻習慣席地而眠。

從十三歲開始，史密斯就是一個經驗老道的馴馬師及獵人。在他的職業生涯當中，曾經獵過鹿、在綿羊牧場當工頭、追蹤山獅、也當過蹄鐵匠和馴馬師。美洲原住民（即印地安人）稱他為「荒野獨行俠」。賽馬專家和作家蘿拉．希林布蘭（Laura Hillenbrand）這樣形容他們：

這兩個人各自立足在同一世紀的前後半段。史密斯是真正碩果僅存的拓荒硬漢；而霍華德用他汽車的風火輪，為史密斯的西部鋪平道路。霍華德被美好願景所驅動；史密斯仍然是荒野獨行俠，那麼難以親近、遺世獨立。不過，對於馴馬師，霍華德擁有不可思議的驚人天賦。他只看了史密斯一眼，直覺的鈴聲就響徹腦海。他立刻把史密斯載到馬廄，跟他的馬兒們介紹牠們的新訓練師。[1]

後來，曾經風光過的騎師——約翰・波拉德（John Pollard），加入這個不可能的組合。他非常強悍，就算身處充滿強悍男人的行業裡，仍然睥睨群雄。他不僅是位騎師，還是曾經獲獎的職業拳擊手——雖然在這領域並非頂尖。身高五呎七吋的他比一般騎師高大，就像很多騎師一樣，他折磨自己的身體讓體重維持在一百一十五英磅以下。一九二八年，波拉德躋身全國前二十大頂尖騎師之列。但是，後來他的騎術開始下滑，當一九三〇年代中期史密斯雇用他的時候，他贏得的比賽愈來愈少。在當時的生涯階段，他與眾不同的特點在於他願意駕馭其他騎師不敢接觸的馬。

富翁、拓荒者及騎師，打造大蕭條時期的英雄

百萬富翁、拓荒者和獲獎的拳擊手——這三個人沒有任何共通點，除了一樣：一匹看起來似乎毫無價值的賽馬。這是史密斯看上、由霍華德買下的一匹馬。這三個人都有能力專注在彼此的共通點，而非相異處。希林布蘭如此形容這匹馬：

> 這匹小公馬的軀幹，離地面太低，就像大塊的煤炭磚一樣……牠矮壯粗短的腿，簡直就像蓋不好

的建築……因為這種不幸的組合，牠的步伐很怪異，腳往外岔開的動作常被誤認為是一匹跛腳馬……牠快跑的時候毫無章法，有種發狂的傾向，似乎要用自己的後腳蹄重擊自己的前腳踝……不過，牠這種怪異外貌並沒有讓牠減少出賽……雖然才三歲，牠已經參與過四十三場比賽，遠比大多數賽馬終生的比賽次數還多。[2]

這匹馬的名字叫「海洋餅乾」（Seabiscuit，譯按：一種可存放很久的硬口糧）。在旁人眼裡，天生缺陷的劣馬卻成為舉世聞名的賽馬，甚至在經濟大蕭條時期成為振奮人心的國家英雄。（一九三八年，海洋餅乾擁有全美最高的新聞曝光率，牠的新聞遠比小羅斯福總統或是希特勒都還要多！）

海洋餅乾不僅創下最高獎金的紀錄，在一場雙雄對陣的激烈比賽中，打敗了三冠王和史上最頂尖的賽馬之一——戰將（War Admiral）。當時，許多專家認為海洋餅乾絕對不可能獲勝，如今這場比賽被很多人視為是史上最經典絕妙的一場賽馬大戰。

運用原理前，先問自己四個問題

三個截然不同的人，居然能夠找出彼此的共通點、以及彼此贊同之處來投注精力，實在令人感到驚奇不已。而這正是「一〇一％原理」的精髓所在，也是人際關係工具箱裡的一項神奇寶貝。雖然如此，但這可不是隨時隨地都可以拿出來加以運用的工具。

我這樣說的理由，是因為這個原理需要下定承諾決心，投入大量的時間、精力和思考。因此，在實踐這個原則前，你必須問自己下列幾個問題：

對方是否值得全心投入？

每個人都有他的價值，不過，你無法給予所有人一○一%原理所需要的時間與精力。那麼，誰才「值得」你如此的關注呢？

如果你已婚，你的名單始於你的配偶。若是你們有意見不同之處，就該運用一○一%原理。（對於我的行事曆，瑪格麗特和我的看法並不全然相同，不過，彼此都同意花時間共處，所以我們就專注在這點上面。）其次，把你的家庭成員列入。如果你擁有事業及合作夥伴，也必須把他們列進來。之後，再加上你的朋友。

超出了這個範圍之外，則請運用判斷力。假使你認為彼此間有潛力發展出互惠關係，而且你承擔得起必須花費的精力，那麼，當你發現雙方難有共識時，或許會願意嘗試一○一%原理。

當下情勢是否值得全心投入？

大多數情勢中，意見不合只是短暫的。倘若如此，請記住「這一切都會過去」。不要放在心上，省下你的精力留待未來恰當的時機，讓你所花費的時間與關注能夠有更長遠的報償。

這個議題是否值得全心投入？

當這個議題碰觸到你生命中的優先事項，或是牽涉到你的價值觀，就應該運用一〇一%原理。如果不是的話，務必三思而後行。請記住理察．巴克斯特（Richard Baxter）牧師所說，「對於重要的事情，要團結一致；對於不確知的事情，要自由開放；對於所有的事情，要慈善敦厚。」

報酬是否值得全心投入？

在「海洋餅乾」三歲之前，很多人有機會看出牠的潛力。事實上，在史密斯訓練牠之前，海洋餅乾曾經待在詹姆士．費茲西蒙（James Fitzsimmons）的馬廄裡，而費茲西蒙可是當時最受敬重的馴馬師。可是，那時在馬廄裡有那麼多匹駿馬的情況下，海洋餅乾看起來並不值得加以投資。不過，史密斯卻有不同的看法，結果你看看他獲得多少報酬回饋！

一〇一%原理的六大報酬

實踐「一〇一%原理」會讓你在很多方面受益。以下就是六個報酬：

一、讓你建立改變的根基

倘若你在一個關係中想要影響對方、改變他的看法或做法，那麼，你不應該在彼此意見相左之處，試圖引發改變。無論處在何種關係，**改變永遠應該從彼此的共通點開始**。當你在實踐一〇一%原理時，你會找出彼此的共識，然後以此為出發點進而往外拓展。這樣一來，你會為改變立下良好的根基。

二、避免不必要的衝突

我了解，當別人持有正確意見的時候，你很難和他們爭論。所以，若是你能夠專注在彼此都贊同的事項上面，那麼你會相當安全穩當，因為雙方都是對的。尤里希斯·格蘭特將軍（General Ulysses S. Grant）說：「我認為，無論在任何時候，總是可以找出方法來避免拔劍相向。」倘若你能夠避免的話，為什麼要製造衝突呢？

三、降低製造敵人的機會

愛默生觀察道：「有千個朋友也不嫌多，而只要有一個敵人，到哪裡都會碰到他。」你是否同意，即便在生命中僅出現一個敵人，就夠讓我們吃不消了？消除潛在敵人的最好方法，就是把他變成你的朋友。當你專注在彼此的共通點上，就增加了結交朋友的機會。

四、保有很可能失落的珍貴東西

倘若你把焦點放在彼此的差異、而非相同之處，會因此錯過多少具有潛力的美好關係？有多少潛在的朋友會從你手中溜走？有多少生意上的有效連結會因此喪失？

前紐約洋基隊教練喬伊・麥卡錫（Joe McCarthy）觀察，「任何教練若是跟打擊率四成的打擊手處不來的話，那他一定是瘋了。」如果你想讓自己開放地接納任何可能的美好關係，請做好準備，開始嘗試一〇一%原理。

五、讓你對在關係中的角色感到滿意

小說家珍・奧斯汀（Jane Austen）在寫給姊姊卡桑德拉（Cassandra）的信中說道：「我不希望人們處處贊同我，因為這樣我就可以省去麻煩，不用去喜歡他們。」那些專挑別人毛病的人，會這樣做或許是因為兩相比較下，他們顯得優越。不過，這種處理關係的手法，卻很難讓自己感到愉悅。相反地，若是能夠欣賞別人的優點，並且專注在彼此都贊同的事情上面，那麼，人們就會感到愉快滿足，因為他們知道自己已經善盡本分。

六、扭轉不利情勢、創造最好結果

最快樂的人並不見得擁有最好的東西，**他們只是善加利用每個機會罷了**。倘若你能夠採取一〇一%原理，你也可以善用每一個機會，讓你的關係臻於極致。

在「痛苦原理」那一章中，我說過湯姆的故事。他每週都寄一封批評信給我，經過好幾年的努力，我終於贏得他的心。

我就是運用一〇一%原理讓他接納我。我提過，我和他的孩子都是領養來的。我所能找出的彼此共通點就是，我和他都同意，領養的小孩非常特別。所以，當我們談話時，都會把焦點放在孩子們身上。我會特別關注他的小孩，盡可能地讚美他們，把他們當成我親姪子般疼愛。任何時候若有機會與湯姆共處，情況合適的話，我會把我的孩子一起帶去。

湯姆的小孩喜歡我，他的太太很快地也對我非常熱絡。湯姆雖然仍然像個堅硬的核果，不過他卻無法永遠不被融化。面對你全家都喜歡的人，實在很難心懷怨懟——更何況這個人壓根兒沒做過什麼對不起你的事。

或許在你的生命中也有這麼一位「湯姆」，你跟他總是處不來。你很容易看出那個人所有的缺點，並且發現自己看到的，除了差異還是差異。雖然如此，我向你保證，你還是可以找出彼此的共通點，只要嘗試去找就對了。一旦找到了，請投注百分之一百的努力。你會很驚訝地發現這個影響將有多大。

一〇一％原理討論

❶你是否曾經遇過這樣的人，他們似乎採行一〇一％原理，在大家意見不合時，總是能夠找出那珍貴的共通點？如果你曾遇過，請描述一下這個人。你欣賞他或她的哪些方面？這些人有什麼樣的個人特質，讓他們能夠與別人產生如此良好的連結？在你的職業或工作場合中，有多少比率的人奉行這個原理？

❷為什麼你不應該對任何關係都自動地運用一〇一％原理？而在你的生命中，對於哪些重要關係一定得運用此原理？請描述你應該如何改善和某個重要關係人士的互動。

❸在何種情勢下，你並不值得付出一〇一％原理所需的努力？而何種情勢下則值得去付出？對你來說，哪些才是重要的議題？這些議題和你的價值觀和優先事項有什麼關連？

❹你是否曾經讓某個重要關係從你指縫中滑落，原因是你找不出讓彼此連結的共通點？結果你錯過什麼？你要如何修復？你的回報是否值得你付出的努力？是什麼原因讓你遲遲沒有採取行動？

❺想想看，在你生命中哪一個重要關係真正需要有所改變。直到現在，在嘗試做出改變之前，你是否運用「找出共通點」的方法來鞏固關係？你和對方在哪件事上有共識？你要如何運用這一點為跳板來改善關係？接下來，你應該採取何種步驟改變彼此的互動，讓你們的關係臻於美好？

第19章

耐心原理：多人旅程，總是比一人獨行來得慢

兩個人的友誼，至少需要其中一方的耐心。

——佚名

問問自己：是否願意攜伴同行，即便在不方便的時候？

偶爾，我們總會讀到一些太過荒誕不經，似乎不可能是真實世界發生的故事。以下就是這種例子，有個叫做賴瑞·華特斯（Larry Walters）的傢伙，他選擇一人獨行。

這聽起來很瘋狂，卻是真實事件：

賴瑞從小的夢想就是飛行。不過，命運總是讓他事與願違。他想要翱翔天際而加入空軍，卻因為視力太差，沒有資格擔任飛行員。

從軍中退伍後，只好坐在後院裡看著天上的噴射機飛越頭頂。他坐在從西爾斯（Sears）百貨買來的「超級舒適」涼椅上，醞釀著他的氣球計畫。他從某家軍事用品店買來四十五個觀測氣象用的氣球，把氣球綁在拴住的涼椅上，命名為「啟示一號」，並且把直徑四英尺的氣球全灌滿氦氣。

接著，他把一些三明治、幾罐米勒淡啤酒（Miller Light）、一把粒丸槍（Pellet gun）以

及他本人通通綁在涼椅上。他估量著，想要下來的時候，只要射下幾個氣球就能降落。賴瑞的計畫是這樣的：他打算割斷繩拴，慢慢地飄升到他家後院上空三十英尺的高度，在那裡好好地消磨幾個小時再下來。只可惜，事與願違。

他把吉普車當錨，將涼椅拴在車上。當朋友幫他剪斷纜繩時，他並沒有慢慢地上升到三十英尺的高度。出乎意料之外，他咻地一飛沖天，就像被發射出去的大砲一樣，倏忽直達洛杉磯高空！他被四十二個分別灌滿三十三立方英尺的氦氣球推向天際。沒有在一百英尺的高度停下，也沒有在一千英尺處停下來，他愈飛愈高，一直竄到一萬六千英尺才不再爬升。

在那種高度下，他覺得自己不能輕舉妄動射擊任何一個氣球，以免失去平衡讓自己陷入真正的險境。所以他保持現狀，又冷又怕地和他的啤酒和三明治漂流了超過十四個鐘頭。甚至飛越了洛杉磯國際機場的主要航道，讓目睹這個怪異現象的環球航空（Trans World Airlines）和達美航空（Delta Airlines）飛行員用無線電向塔台通報。

最後，他終於鼓起勇氣射破幾個氣球，慢慢地往下降。那些糾結的纜繩纏在一條輸電線上，導致長灘（Long Beach）附近大停電二十分鐘。賴瑞安全地爬出氣球堆，被等在那兒的洛城警署（LAPD）逮捕。當他被戴上手銬帶走時，一個奉命採訪此次驚險救援的記者問他，為何要這麼做。賴瑞若無其事地回答：「一個男人不能只坐著不動、無所事事。」[1]

幸運的是，我們並不需要經歷這種長途跋涉的旅行——或是逃離人群。

「與人同行」的訣竅——活力與耐力

過去二十五年來，我經常出外旅行。已記不得自己究竟累積多少空中哩程數，不過，肯定超過三百萬飛行哩程。我幾乎搭乘過每一種飛行工具（除了漂浮涼椅以外），也經歷過各式各樣的狀況，拜訪過七大洲中的六大洲。不論我去哪裡或是做什麼，總會發現這個事實：**和別人同行的旅程，總是比一人獨行還要慢**。最近，和家人共乘遊輪的經驗再次提醒了我這一點。

如果是獨自出差，我會火速到達機場、飛快地登機。我知道大部分機場的出入程序，也知道如何避開排隊長龍，而且我不託運行李。如果只有瑪格麗特和我兩個人旅行，我們的動作還是非常迅速。畢竟結婚三十五年，經常一起旅行，已經培養出一套很好的默契。可是，當全家旅行時——兩個孩子，他們的配偶，還有所有的孫子們，相信我，整個過程會變得非常緩慢。倘若再加上我的父母或是瑪格麗特的父母，或是我們的兄弟姊妹和他們的家人，那整個速度會慢上好幾倍。我喜歡和家人共同旅遊，這是千金不換的珍貴時光，不過我知道，我們將以慢速行進。

我必須承認，耐心實在不是我的長處。每天我都會發現自己在想：為什麼這些人移動得如此緩慢？無論在交通運輸上、在店裡、在工作場合、在高爾夫球場、在各式各樣的場合上，我都存有這種疑惑。有個老朋友叫我「勁量電池兔」（Energizer Bunny）。從好的一面來看，雖然我已沒有二十多歲時那麼充沛的體力，但仍舊精力旺盛；從壞的一面來看，在我較年輕時，不斷地為組織中的同仁設下願景目標，然後把他們拋在後方——這並不是好的領導者該做的事。我需要學習與人產生連結，也需要培養自己的耐心。如果你想要建立良好關係，這是兩個關鍵要素：

只有耐心沒有連結——關係缺乏活力。

只有連結沒有耐心——關係缺乏潛力。

有連結又有耐心——關係既有活力又有潛力。

倘若你想要擁有長遠的關係，活力與潛力缺一不可。

任何事情的成功關鍵，讓耐心成為優點

幾乎所有人都會同意，耐心是一種美德；我們欣賞它，也想擁有這種特質。然而，最需要耐心的人，往往最不想費工夫培養它。我們需要耐心來培養耐心。那麼，要如何克服這種矛盾的困境呢？答案是——要有計畫。以下就是你可以採取的六個步驟，讓你在人際關係中更有耐心！

一、值得優先培養的好習慣

名言經常被引用的阿諾・格拉斯哥（Arnold Glasgow）說：「**任何事情的成功關鍵都是耐心**。小雞是因為細心的孵化才誕生，絕不是直接把蛋打碎就成。」從長遠來看，你將會發現：對別人有耐心也會讓自己受益。但是，可能沒辦法立刻看到效果，你得靜心等待。倘若你是一個缺乏耐心的

人，而且很難把培養耐心當成優先事項，請記住這點：**你的耐心可以讓周圍的人們立刻受益**。正如希臘哲學家亞里斯多德所言：「能讓別人受益的，才是最大的美德。」

二、了解建立良好關係需要時間

在生命中，任何有價值的事物都需要花時間建立，關係也是一樣。想想看，一個工作團隊需要多少時間才能發展出彼此的關係以及默契。倘若團隊裡只有二或三人，成員們能夠很快地認識彼此，並且快速地學會團隊合作。倘若團隊有五個成員，那又需要較長時間。若是有九或十個成員，那真的需要很多時間才能凝聚他們成為一體。團隊愈大，所需的時間愈多。

任何有深度的關係，也需要時間的淬礪。就算在最佳的狀態下，比方說你和某人一見如故，你還是得花時間真正地與其建立穩固的關係。所有良好的關係都需要時間。

三、實踐「交換原理」

要發展耐心，你必須重視其他人的想法，並且敏銳地去體會他們的感覺。每個人都認為：

- 自己的問題是最大的；
- 自己說的笑話最好笑；
- 自己的禱告應該得到特別的垂聽；
- 自己的情況最特殊；

- 自己的勝利最值得作為典範；
- 自己的錯誤微不足道，應該被忽視。

換句話說，我們每個人都覺得，自己的情況應當獲得特別的考量——別人應該對我們特別有耐心才對。然而，實在應該反其道而行：我們應該設身處地把自己放在別人的位置上（正如我在「交換原理」中解釋的），並且對別人付出加倍的耐心。

下次，若你因對方拖累到你而感到不耐煩，請想想看這個故事：一位年輕女士的車子剛好在紅燈時熄火了。她再三嘗試要讓車子重新啟動，可惜運氣實在不好。當號誌燈轉為綠燈時，她坐在那兒又生氣又困窘，而阻礙了交通。在她後面的車子本來可以切換車道前行，但他卻沒有這麼做，反而猛按喇叭加深她的沮喪。她再次放手一搏想要發動車子，只可惜車子仍不動如山。

於是她下車，走到後面那輛車子旁。那個駕駛驚訝地搖下車窗，她說：「我告訴你就這麼辦吧，你去發動我的車子，我就坐在這裡幫你按喇叭。」

四、了解人們有他們的問題，也會製造問題

只要牽涉到人，總是有好消息與壞消息。好消息是，生命中的某些人將是你極致喜樂的來源；壞消息是，同樣的那批人很可能帶給你最大的困擾。不僅在家庭，在工作場合也是一樣。當你在領導階層中愈爬愈高時，你的問題也會愈加困難。領導學家華倫・班尼斯和柏特・耐諾斯（Burt

Nanus）的研究結果也證實這一點。他們聲明：「我們發現，階層愈高、愈需要承擔更多的人際與人事工作。高階經理人花費約九〇%的時間和別人共處，他們也花費幾乎相同的時間來處理人們製造出來的麻煩。」[2]

當你決定和某人建立關係時，請牢記，**這是一個「成套交易」。你不能只挑好的、拒絕壞的，你得全部接受**。每個人都有自己的問題、盲點，以及壞習慣。你希望別人對你的缺點予以包容，那麼，也請你如此寬厚地對待別人。

五、確認別人在哪些方面對你付出耐心

提到缺點，我們最好要知道自己的缺點是什麼。舉例來說，我知道自己最親近的人需要耐心來忍受我某些怪癖。諷刺的是，他們首先要忍受的就是我的缺乏耐心！（我已經在努力改進當中。）不只於此，他們還得忍受我許多的缺點。出於好玩，我請助理琳達·艾格斯列出一張清單，看她長期忍受我哪些缺點。不用多久，她就寫下這張單子：

- 我老是弄丟手機和眼鏡。
- 每次在討論任何規畫時，我總是要有很多很多的選擇。
- 我總是隨時不斷地變更我的旅行計畫和需求。
- 我把自己的行程排得太滿，結果每項計畫總是要比分配的時間更晚才能完成。
- 我討厭說不。

●我希望一週七天、每天二十四小時，都可以打電話給她。

我確定自己還有很多其他的缺點，不過，這些就夠多了。如果我能夠牢記，別人在很多方面都對我付出耐心，那麼，這樣就可以幫我記住，自己也需要耐心待人。你也可以這樣做，相信會有極為類似的效果。

六、認清所有關係都有放棄、屈服與互相遷就

所有的關係都會面臨艱難時刻，不論這些關係有多麼美好或已經維繫多久。而且，並不是所有事情皆能照我們希望的方式進行。我們會體認到有些方面必須要付出：

●**放棄**——有些我喜歡做的事情，但當下卻不應該去做。比方說，當我孩子還小的時候，我放棄了高爾夫球。這種運動實在太費時間了，而我和孩子們的關係更重要。

●**屈服**——有些我不喜歡做的事情，但當下卻應該去做。我並不特別喜歡運動，不過，我的確想要有多一點時間在世上陪伴家人和朋友。所以，我現在幾乎每天都踩跑步機。

●**互相遷就**——我們得為彼此付出。我記得有次瑪格麗特去參加一個女子靜修會，她打電話給我因為她很想回家。掛斷電話後，我決定開車去載她，給她一個驚喜。這趟旅途單程就要花兩個小時，不過卻非常值得。

我應該提醒你，沒有任何人能夠逼你放棄、屈服或是互相遷就。這些都是自願的行為。但是，倘若你想讓關係持續，就必須保持彈性。我們應該採納心理學家喬伊絲．布爾斯（Joyce Brothers）的建議，她說我們的關係應該遵循某條航行船舶的規則：「機動性較高的船舶，要讓路給較笨拙、較缺乏彈性的船舶先行。」

在撰寫本章節的時候，我也仔細想過自己的核心圈、身邊最親近的人，他們和我的成功以及滿足感息息相關。他們有些人比我的速度還要快，有些則比我來得慢。然而，面對他們所有人，我都設法這樣做：

- 服務他們。讓他們領導，並且照他們的方式行事，在適當時給予協助。
- 當他們的良師益友。回答他們的問題，立下榜樣，只有在能夠有所影響的時候，才引導或糾正他們。
- 重視他們。傾聽他們的想法，尊重他們的立場，絕對不去損害他們的權威。
- 回報他們。好好地照顧那些照顧你的人。

耐心原理最重要的意義就在於：比起攜伴同行，如果你踽踽獨行，或許腳程會快一些；不過，你的旅程絕不會如此豐盛多彩，而你可能也走不了太遠。我們對別人付出耐心，有時候是因為彼此的關係，有時候是因為想要有所回報，還有時候這兩個原因都有。每一種關係都需要你以耐心相待，到最後，你會發現自己的努力十分值得。

耐心原理討論

❶是否有哪些特別的人格類型，容易對別人缺乏耐心？若答案是肯定的，請描述這種類型的人。是否有某些特定類型的人，他們就是慢半拍？這兩種類型的人，要如何學習比較正面的互動呢？

❷想想看你身邊最親近的三到五個人，你認識他們多久了？你們的關係是如何開始的？當你初次見面的時候，你有料想到他們會成為你的密友嗎？你在這些關係上所投注的心力，是否是有意的？要發展出更深入的關係，需要多少時間？你可以加速這整個過程，還是它所需的時間就是這麼多？

❸在何種情況下，人們會對他人失去耐心？什麼樣的特殊情況會讓你對別人失去耐心？這對你的人際關係有什麼不良影響？你要如何改善自己的態度和行為，讓自己變得較有耐心，較能夠與他人保持連結？

❹在哪種關係之下，你最難放棄自己想要的東西、最難屈服於他人的願望、最難互相遷就為大局著想？這時候，你的目標扮演何種角色？價值觀呢？在何種情況下，放棄或屈服反而是錯誤的決定？「互相遷就」最適當的平衡點在哪裡？你要如何確定，你們的關係不致於失衡？

❺你的哪種特性、怪癖或是特異舉動，有可能讓別人需要耐心相待？（如果你認為自己沒有這種特質，可以請教三個密友或是家人，讓他們來告訴你，你的怪癖有哪些。）為什麼別人應該要在這些地方對你有耐心呢？你是否期待別人耐心滿懷並且視為理所當然，還是，你對他們的耐心充滿感激？請解釋。

第20章

慶祝原理：真正考驗友誼的時刻——朋友成功

平庸之輩不希望別人有超凡的表現。

問問自己：是否樂見朋友成功，並且為他們歡欣鼓舞？

我相信書中所有的人際原理，而且每天努力實踐。其中，「慶祝原理」對我個人特別重要。我的職業生涯從一開始就很幸運。在四歲時，我就知道自己將來想做什麼。我父親的職業生涯非常成功，他在這行擁有豐富的經驗。生長在這樣一個家庭，他為我樹立榜樣，讓我能夠追隨他的腳步。

這種情形很像足球世界裡的曼寧家族（The Manning family，美國體育世家）。國家美式足球聯盟傑出的四分衛培頓．曼寧（Peyton Manning）和弟弟伊萊．曼寧（Eli Manning）成長於足球世家，他們的父親阿契．曼寧（Archie Manning）曾是紐奧良聖人隊（New Orleans Saints）的球員。因此，一開始踢足球就嶄露頭角、表現亮眼，這是其他九九％的孩子所望塵莫及的。

除了跟在父親身邊耳濡目染、汲取經驗外，父親高效能的領導更讓我受益匪淺。對於我的發展，他自有一套策略，很早就辨識出我的優勢並且加以鼓勵。在我中學畢業之前，便送我參加好幾次戴爾．卡內基的訓練研討會，引導我廣泛閱讀幫助成長，還帶我與幾位當代最傑出的牧師碰面。收獲太多，實在難以詳列，對這一切我衷心感激。

在這樣的教育培養下，我的職業生涯很早就有所成績。在所屬教派裡，我在很多方面都拔得頭籌，更是擔任全國性職位中最年少的一人。為了更加融入社區，我是第一個更改教堂名字的牧師；是最年輕出書的神職人員；領導的教會也是首間在星期天平均出席人數超過一千人的教會。

不幸的是，在那些早期的年月裡，我或許也是最孤獨的牧師。好消息是，當我失敗的時候，有很多人樂於同情我。不過，當我成功時，卻少有人與我同聲慶祝。我以為同事和我站在同一陣線，但是很明顯地，他們的看法並不盡相同。很多時候，就只有瑪格麗特和我孤單地慶祝。

我所學到的「慶祝原理」，重新定義成功

那些早期的經驗教了我們許多事。我們學習到很多寶貴的功課，或許你也會覺得有價值：

若是沒人一同慶祝，會降低成就的喜悅

擔任牧師屆滿一年後，我去參加教區會議，我很興奮在我的教會裡所發生的事。我熱心助人，也認為自己真的為教會帶來新氣象，我懷抱無限的熱忱。但令我訝異的是，沒有人分享我的喜樂！人們似乎帶著懷疑和輕蔑的眼光看我。這讓我十分難受，像洩了氣的皮球。劇作家奧斯卡．王爾德

（Oscar Wilde）說得對：「任何人都能同情朋友的痛苦，然而，**要能為朋友的成功同感歡欣喜悅，則需要非常高貴的品性。**」

瑪格麗特和我討論過後，我們決定——絕對不會再讓別人的冷漠來澆熄我們的熱情。我們同時下定決心，當朋友成功時，要和他們共同慶祝；當他們的成就超越我們，甚至要比他們更加歡欣鼓舞！這也是我喜歡為年輕的領導者開辦研討會的原因之一。這讓我有機會與他們共同慶祝，並且支持他們成功。我希望他們能夠受到鼓勵，進而繼續追求夢想。

若是他們知道別人真心希望他們成功，那麼，他們的發展將會無可限量。

多數人認同失敗；少數人認同成功

幾年前，我寫了一本書叫做《轉敗為勝》（*Failing forward*）。在準備出書的當時，我就以此主題巡迴全美各地演講。我發現，每個人都認同失敗。事實上，當我告訴人們需要學習如何運用自己的錯誤，作為成功的踏腳石，進而轉敗為勝時，聽眾的反應相當熱烈。每個人都想要學習如何「反敗為勝」。

和人們共事這麼多年，我得知：你的成功或許會讓別人印象深刻，可是如果你想要影響他們，就必須**分享你的失敗經驗**。每個人都曾遭受挫敗，所以，這是與人連結的絕妙方法。問題就出在，正因為人們易於認同失敗，有時候他們很難對成功產生共鳴。而且，假使他們無法認同成功，很可能會對別人的成功感到忿忿不平。

不願慶祝別人成功的因素，通常也會阻礙你的成功

通常，阻礙人們成功的特質——情緒上的不安全感、缺乏健全的競爭心態、氣量狹隘的嫉妒心等，也同樣妨礙他們慶祝別人的成功。因為，他們時時刻刻都和別人比較，而且老是覺得自己樣樣匱乏。所以，他們很難超越自己。

職業演說家喬伊．拉森（Joe Larson）曾說：「我的朋友都不相信我可以成為成功的演說家。所以，我設法改善狀況，向外尋求並且找到一些新朋友！」雖然這令人難過，但有時你必須這麼做。

與你共同慶祝成功的人，會是你的終身好友

再回溯到我職業生涯的頭幾年，除了家人之外，有兩個人會和我們共同慶祝成就，他們是戴夫和瑪莉．沃恩夫婦（Dave and Mary Vaughn）。戴夫資歷比我要多幾年，每當我達成某項目標，或是超越某個里程碑時，他總是在那兒為我歡呼。甚至在我的教堂成長超過他的教堂，而我的知名度也超越他時，他也從未吝於給我鼓勵。三十五年過後，他和瑪莉仍然與我們共同慶祝！

小心那嫉妒的綠眼怪獸

二〇〇三年十月，在我的公司專為年輕領導者舉辦的研討會——催化劑（Catalyst）上，由安迪．史坦利（Andy Stanley）擔任講員。

安迪是一位真正的高效能溝通者，他領導的北角社區教會（Northpoint Community Church），是全美頂尖的教會之一，每週聚會人數都超過一千五百人。（萬一你不熟悉教會的世界，可以告訴你，這樣的出席人數讓他的教會躋身全美教會前一%行列。）

安迪的第二個專題是有關四種會絆倒領導者的負面特質：罪惡、憤怒、貪婪和嫉妒。安迪承認，有時候當他聆聽其他成功人士的演講時，「同行相忌」這種職業上的嫉妒感也會油然而生。他說：「我得要特別努力，才能和這些同行的成功人士慶祝他們的榮耀。」

那種嫉妒的本能甚至蔓延到安迪最好的朋友身上，包括牧會組織抉擇資源（Choice Resources）的創辦者路易．紀里歐（Louie Giglio）。安迪解釋：

> 路易和我從小學六年級開始就是好朋友……我們在一個青少年營隊中認識，同樣睡在下鋪，而上鋪一些高年級生就在我們頭頂上打來打去。路易是個天賦異稟的溝通專家。當我在教會裡宣布路易．紀里歐下禮拜要來講道時，會眾紛紛鼓掌叫好，到了星期天果然出席率很高。然後接下來的四、五天，你就會聽到大家一直在說：「喔，路易，路易，路易。」

安迪繼續說到，在路易當主講的場合，群眾總是爆滿，而他總是能傳遞給群眾非常棒的講道內容。每次安迪聽他演講的時候，那些微小的陣陣嫉妒就開始蠢蠢欲動。

那種感覺很可能會破壞安迪和路易之間的關係，儘管他們的關係如此深厚。他倆不僅時常共事，兩個家庭也非常親密，還一起度假呢。那麼，安迪如何處理自己的嫉妒心呢？他慶祝路易的成就。每當路易做了很不錯的講道，安迪就不厭其煩地讚美他，與他一同慶賀。而路易對安迪也是一樣。安迪說：「光坐在那兒空想是不夠的。我必須說出來，這樣才能去除我的雜念，滌淨我的心靈。擊敗嫉妒的方法，就是與對方一同慶祝。」

四件事，讓你真心發動慶祝派對！

安迪並不是特例。假使多數人都能誠實以對，他們會承認當自己目睹別人成功時，那種嫉妒或羨慕感受——就算那個成功人士是自己的好朋友也一樣。我知道，自己也曾與嫉妒對抗。你是否也有過這種經驗？那麼，你如何學習與他人慶祝，而不是故意視而不見，或是暗中搞破壞？

請從以下四件事做起。

一、了解這不是競爭

任何意義重大的事情皆不可能獨立完成。在毫無援手的情況下，要成功是非常困難的。就算你真的能夠有所成就，倘若沒有朋友共同分享，也不會感到喜樂。如果能夠有你愛的人相伴，而他們也愛你的話，那麼，生命將會更加美好。

只有和別人共同努力，我才能夠成功。
只有從別人那裡，我才能夠學習成長、獲取教訓。

只有藉由別人的幫助，我的弱點才得以矯正。
只有透過別人的領導，才能夠試煉我的服事之心。
只有透過別人，我的影響力才可能加乘。
只有專注在別人身上，我的領導力才能有成效。
只有透過別人，才能施展我最好的一面。
我的功績只能經由別人遺留下來。
所以，我應該下定決心幫助他人，並且與他們共同慶祝。

我們生命中的每一個層面都有別人的影響。大多數時間，不論那影響是好是壞，我都可以選擇自己的態度。藝人貝蒂．米勒（Bette Midler）說：「成功最糟糕的部分就是，你很難找到真正為你高興的人。」不要把你的朋友、家人和團隊夥伴當成你的競爭對手。當他人成功時，要做那種真正為他人高興的稀有人士。

二、慶祝別人眼中的成就

對於成功的定義，並不是每個人都和你有相同看法。慶祝原理的真諦在於，**你必須樂意用別人的眼光看事情**。他們的夢想是什麼？目標設在哪裡？他們正與什麼奮戰？當他們自認完成了意義重大的事情，就和他們共同慶祝吧！

若是某個朋友完成某件你早就完成，而你覺得了無新意的事情，請特別加以留意。務必懷抱熱忱與他們慶祝，千萬不要藉由炫耀，搶走別人的風采。

三、當別人尚未察覺時，慶祝他們的成就

有時候，人們會有顯著的進步，但自己卻毫未察覺。你是否曾經展開節食或運動，經過一段時間後意志力動搖，就在此時，有朋友告訴你，你看起來相當不錯？或是，你拚命做某項專案，但卻對進展有點氣餒，在這當下，有朋友適時稱讚你達成的成就？這真是令人振奮，讓你想要更加努力。假使身邊沒有這種朋友，那你或許需要一些新朋友——那些實踐慶祝原理的新朋友。

四、與最親近的人要更常慶祝

和你愈親近的人，你們的關係愈重要，更應該與他們經常慶祝。而且慶祝要趁早、要頻繁，如果你已成家，特別應該為配偶和小孩慶祝。通常，我們比較容易去慶祝工作、興趣領域，或是運動競賽上的勝利。然而，**生命中最大的勝利卻會發生在你的家裡**。

我的朋友丹．瑞藍說：「真誠的朋友會鼓勵和鞭策我們活出自己最棒的想法，實踐自己最單純的動機，以及完成最重要的夢想。」而我們對於生命中最重要的人，亦當如此。

我要坦承一件事。在家裡，我力行「慶祝原理」且做得相當不錯。不過在工作上，我並不是個好的實踐者。在我職業生涯的前幾年，總是想要與人較勁。我的企圖心很強，也很在意和同僚相較

之下，自己排行的高低。當我看到自己有所成長、向排行榜前方挺進時，總是暗自得意。但是，就在我努力攀爬至顛峰之際，發生了某件事。完成目標的成就感並不像我原先預期的那樣。我覺得自己似乎遺漏了某些東西。

在一九八〇年代晚期和一九九〇年代早期，我終於開始轉變。就在四十歲時，我了解到想要達成目標，也需要別人的幫助。我開始更積極地去培植員工的領導能力。起初，我的動機有點自私。不過，當我助人成功的時候，我發現這帶給我極大的喜悅，不論對方的成功是否對我有益。

我也發現，如果你提攜別人與你同行，你的旅程會變得有趣多了。倘若你只會為自己的成功慶祝，將很難發現這種樂趣。如果你也希望身旁的人與你一同成功，就必須鼓勵他們，慶賀他們的成就。這樣做不僅會激勵他們繼續為夢想打拚，也能幫助他們享受整個旅程。

當我開始走出自我幫助別人、並且慶賀別人的成功時，我發現別人的成功甚至比自己的成功帶給我更多喜樂。

現在，我盡可能地和許多人慶祝——不只是我的家人、朋友、親近的同事，還有在我的核心人際圈外面的人。我若能鼓勵愈多的人、幫助愈多人成功，我就會愈快樂。如果你能夠幫助夠多的人，那麼，你的慶祝派對將永不止息。

慶祝原理討論

❶ 你是否同意，大多數人比較認同失敗，而非認同成功？請解釋你的答案。認同成功的人具有哪些其他人沒有的特質？當這些人成功的時候，他們是否仍需要來自朋友的鼓勵與慶祝？為什麼呢？

❷ 有些人甚至連自己的成功都很難慶祝，原因何在？當要慶祝勝利時，你的反應如何？達到里程碑或是完成目標的時候，你是否會花時間慶祝？如果沒有的話，為什麼不呢？倘若你並不認同自己的成就，對於別人的成就你是否還會懷抱熱忱慶祝？你應該做什麼來改善你對自己和對他人的態度？如果你有慶祝自己的勝利與成就，怎樣才不為過呢？為什麼？

❸ 誰與你一同慶祝你的成就？你是否有朋友、同事或家人為你歡呼喝采？假使沒有的話，你必須培養新的友誼，結交鼓勵你、看中你優點的新朋友。假使有人為你加油打氣，請感謝他們的支持，也務必慶賀他們的成功。

❹ 你天生的傾向是：埋頭競爭或是互相合作？善於競爭者，是否也可以有效地實踐慶祝原理？而天性趨向合作互助的人，是否有可能會忽略與人共同慶祝？請解釋。不論個人的人格特質為何，人們要如何培養那種樂於與人慶祝的熱忱心態？

❺ 想想看你會特意為誰加以慶祝。在你的人生中還有任何人，會因為你的慶祝特別受到鼓舞和提升嗎？對於生命中哪些人，用慶祝來鼓勵他們是你應盡的職責？你要如何修正自己的做法來幫助別人慶祝呢？

第21章

高層次原理：不扔泥巴，又能提升層次的方法

在你的後院挖掘個大小適中的墳墓，用來埋葬你的朋友所犯的過錯。

——亨利·瓦德·畢奇爾

問問自己：我待別人是否比他們待我還要好？

一八四二年，十三歲的威廉・布思（William Booth，又譯卜威廉）徹底改變了他的人生。他的父親薩繆思・布思（Samuel Booth）失去了事業。他本來是鐵釘製造商，但是這行業卻被工業革命下的大量生產所淘汰，於是只好轉做小規模的營造商。很不幸地，一再的經濟蕭條逼得他們走投無路，最後布思宣告破產。這讓他和家庭陷入困境。

結果，自小有餘裕接受良好教育的威廉，不得不被送去學做生意，在英格蘭諾丁漢（Nottingham）某個貧民區的當鋪當學徒。

「要賺錢。」這是父親給他唯一的忠告，隔年破產的父親就去世了。威廉在學做生意的同時，的確學會了如何賺錢，不過學徒生涯也帶給他另一種形式的教育。在當鋪裡工作，他每天接觸到的都是那些窮困匱乏的底層人物。一本有關他的傳記提到：「就像在砲口中學習一樣，他深深了解貧窮對人們的影響。」[1]這並非巧合，在當學徒的那幾

年，他成為有堅定信仰的人——成為基督徒。

一八四九年，威廉搬到倫敦，在泰晤士河南岸一個貧民區的當鋪裡工作。但只過了三年，他便放棄這個工作轉當牧師。他認為，對於那些為生活掙扎求生的人們來說，信仰是所有問題的解答。於是，他開始終身的傳道志業，目標是：拯救迷失的靈魂以及導正社會的不公義。[2]

起初，他擔任衛理公會新循道會（Methodist New Connexion）的牧師，之後巡迴各地講道，傳布福音。一八六五年，當他在東倫敦的「盲乞丐酒館」（Blind Beggar Pub）前布道時，當地一些聽了他講道的人，徵召他加入一個叫做「基督徒布道會」（Christian Mission）的帳棚布道會。從此，威廉開始向倫敦最貧苦的人們傳教。在倫敦東區，群集了這個城市半數的窮人、遊民、以及飢荒困頓的人。[3]

他早期的信徒都是些最底層、最絕望的人，包括：小偷、妓女、賭徒和酒鬼。他想要有所轉變、影響他們。可是，他的努力沒有人感激，就連那些他一心想要幫助的對象也不接納他。

不向對方扔泥巴的「高層次道路」

威廉和工作伙伴經常被騷擾，被打得鼻青臉腫。當地的酒店老闆千方百計想要削弱他的努力，就連街頭遊童也從他們聚會的會堂窗戶丟進石頭和鞭炮。威廉的妻子凱薩琳（Catherine）說他：「每晚總是步履蹣跚、憔悴疲憊地回家。他的衣服經常被撕得破爛、血跡斑斑，頭上被石頭砸到的地方紮著繃帶。」[4]但是，儘管遭受這麼惡劣的對待，他並不以牙還牙，而且拒絕放棄。

他繼續努力賙濟窮人、安置無家可歸的遊民，還有分享信仰。他的組織持續成長。一八六七年，已經有十個全職的同工來幫他。一八七四年，有超過一千名志工以及四十二個福音布道家與他共同努力。在一八七八年，當他們重新調整組織時，威廉為他們的團體取了個新名字。從那之後，這個組織就叫做「救世軍」（Salvation Army）。

不幸的是，對手仍然百般阻撓、不肯罷休。威廉甚至被改革家沙夫茨伯里勛爵（Lord Shaftesbury）貼上「反基督」（anti-Christ）的標籤。[5]還有一個反對團體專為阻止威廉和他的同工而設，他們把自己稱為「骷髏軍」（Skeleton Army）。一八八二年十一月的《貝斯納格林東區報》（*Bethnal Green Eastern Post*）有篇文章這樣描述骷髏軍：

> 這是一批真正「粗鄙流氓」組成的暴民，這批純粹的烏合之眾在過去幾個星期以來侵襲本區。這些卑劣無賴自稱為「骷髏軍」……他們的目標就是要打倒「救世軍」，他們亦步亦趨地跟著「救世軍」。敲鑼打鼓、模仿嘲弄對方的詩歌，藉此擾亂對方的行進指揮、癱瘓救世軍的服務……這些骷髏暴民主要的組成分子是……無賴和十足的惡棍……還有聲名狼藉的酒店老闆，他們痛恨倫敦學校當局、痛恨教育，也痛恨禁酒令，眼見自己墮落的事業已近末日，準備要來個孤注一擲，做最後無望的反擊。[6]

雖然「救世軍」遭受這種可怕的對待，但他們的職員和志工還是堅忍不拔，幫助了成千上萬的人。[7]經常見到的是，他們讓那麼迫害他們的人虔誠歸向基督。一九一二年，威廉．布思八十三歲，做了生平最後一次公開傳道。他述說自己為人們付出的堅定決心：

> 當婦女還是像現在這樣哭泣，我要戰鬥；當孩童還是像現在這樣挨餓，我要戰鬥；當男人還是像現在這樣頻繁地進出牢獄，我要戰鬥；當還有任何一個醉漢、任何一位可憐迷失的女孩流落街頭、任何一個黑暗的靈魂仍未受上帝的光照，我要戰鬥——我要戰鬥到最後一刻。[8]

三個月過後，他便與世長辭。正如一個觀察家所說，這位領導救世軍超過三十年的「將軍」已經「榮升至天國永恆的榮耀」。

威廉．布思終身都在實踐「高層次原理」。他持續地善待別人好過別人對待他。結果是，無論在個人或是志業，他都活在最高層次裡。我非常尊崇威廉．布思，可是我得承認自己從前並不是「高層次原理」的忠實信徒。

當我還是青少年時，父親是一所聖經書院的校長。學校的董事會成員很難共事，他們對我父親非常苛刻，這一切我總是沮喪地看在眼裡。然而，不管董事們如何苛待我父親，他從不報復；他總是選擇高層次的道路。那時候，他的反應讓我相當憤怒。

當我年紀漸長、且跟較多難相處的人共事，才較能理解父親的行事作風。我了解到，如果你也向對方扔泥巴，自己就失去立場、無法站穩。與人相處真的只有三條路可走。我們可以選擇：

- 低層次道路——我們對待別人比他們對待我們還糟；

● 中間道路——我們對待別人和他們對待我們一樣；
● 高層次道路——我們對待別人比他們對待我們還要好。

「低層次道路」會損害關係，也會讓別人和我們產生疏遠。「中間道路」或許不會把朋友趕走，不過，它無法讓我們吸引別人。它是被動反應而非主動回應，它讓別人來主導規畫我們的人生進程。而「高層次道路」能夠幫助我們建立正面關係，吸引別人靠近我們；它讓我們主動與人規畫正面的人生進程，就算最負面的人也很難削弱這種力量。

我的父親為我樹立了好榜樣，使我決心仿效他選擇「高層次道路」來與人相處。

如何成為高層次道路的旅行家？

「高層次道路」之旅的確少人問津。我會這樣說是因為，選擇高層次道路所需要的思考和行為模式既非天生自然的，也不普遍。然而，那些實踐高層次原理者，不但將恩典傳遞給他人，他們自己也被以恩典回饋。據我觀察，這些高層次道路的旅行家有以下共同點：

他們了解，重要的是你的內心發生了什麼

在南北戰爭的時候，南方邦聯的懷亭將軍（W. H. C. Whiting）對同陣營的對手李將軍（Robert

E. Lee）頗為嫉妒。因此，懷亭將軍四處散布很多有關李將軍的壞話和謠言。那時候有個機會，可以讓李將軍報一箭之仇。當傑佛遜．戴維斯（Jefferson Davis）總統考慮是否拔擢懷亭將軍時，他徵詢李將軍對懷亭的看法。

李將軍毫不遲疑地讚揚和推薦。其他在場目睹談話的軍官深感驚愕。事後，有個人問李將軍是否忘記了懷亭對他所有的惡意造謠。

「我了解。但總統想要知道我對懷亭的看法，」李將軍回答，「而不是懷亭對我的看法。」

新聞主播大衛．布林克利（David Brinkley）觀察說：「成功的人是當別人向他投擲磚塊時，他可以運用這些磚塊建立穩固的根基。」這就是高層次道路旅行家的行事作風。他們固守自己的核心價值觀，他們待人是**依據人們的本質，而不是依據外在的環境時勢**。

持續行走「高層次道路」

面對別人不仁慈的對待，幾乎每個人偶爾都能仁慈回應。不過，要始終保持高層次道路的態度就困難多了。海克特．雷馬克（Hector LaMarque）說：「每一天，大多數人都會做出一些好的抉擇，但是這些好抉擇並不夠多，以至於無法產生動力來獲致成功。」這個觀點可以很清晰地說明，持續行走高層次道路的人：他們創造動力。同時，他們培養成功的人際關係。為什麼呢？

因為，把握每個今天做出最好的回應，這樣會讓他們的明天更具優勢。

他們知道自己需要恩典，所以把恩典施予別人

有次看到一個標語寫著：「犯錯是人性，而寬恕——不是本公司的政策。」這個標語很滑稽，可是暗示出人們的天性。

當別人犯了顯示人性弱點的錯誤時，我們總是不肯輕易饒恕。讓我們面對事實吧。人非聖賢，孰能無過。那些選擇高層次道路的人，深知自己局限的人性，他們知道自己需要別人的恩典，所以也很樂意將恩典施予他人。

最能闡釋此觀點的就是《密室》（*The Hiding Place*）作者——彭柯麗（Corrie Ten Boom）的生平故事。

在第二次世界大戰期間，她和家人從事地下工作，在家中藏匿猶太人躲避納粹的魔爪。當她們的行動被洩露，便被蓋世太保（GESTAPO）逮捕，送到拉文斯布呂克（Ravensbruck）的死囚集中營。她的家人全都死了，只有她因為某個文件上的錯誤得以倖存並被釋放。

彭柯麗是一位信仰堅定的女士，戰後她經常至各地演講。一九四七年，她重回拉文斯布呂克講述上帝的恩典，並且表達對德國人的寬恕。

演講結束後，她發現自己正和當年集中營裡最殘酷的守衛面對面。「他站在那兒，手伸出來，應該不會超過幾秒的時間，」她寫道，「可是對我來說，好像歷經好幾個小時，我在那兒天人交戰，做出畢生最困難的抉擇。」最後，她還是伸出手原諒了他。

她所選擇的是最困難的高層次道路。

他們並不是犧牲者，而是選擇服務他人

選擇高層次道路者，並不是沒有別條路可走。他們這樣做是自身意志力的展現，是出自服事他人的渴望。他們就像老祖母在金婚紀念慶祝會上，告訴賓客快樂婚姻的祕訣。她說：「我結婚那一天就決定，要把丈夫的十個缺點條列出來，然後為了我們的婚姻，我要忽略掉它們。」當賓客離開的時候，有個年經妻子向老祖母請教，她到底寬恕了丈夫哪些缺點。

老祖母回答：「說實話，我從來沒有列過這張表。不過，每當我丈夫做了什麼讓我暴跳如雷的事，我就會告訴自己：『算他好運！他犯的錯在那十項缺點裡面。』」正因為高層次道路是艱辛的上坡路，沒有人會不經意地偶然造訪。

為自己設立較高的標準

著有《南太平洋故事集》（*Tales of the South Pacific*）《德克薩斯》（*Texas*）《百年鎮》（Centennial）《外太空》（*Space*）以及其他許多小說的作者——詹姆斯·米契納（James Michener），是位多產作家，以優異的文學造詣以及卓越的銷售數字備受尊敬。儘管如此，有個毀謗他的人長年不斷地煩擾他。

米契納是個棄嬰，從來不知道自己的生父母是誰。幸運的是，他被一位寡婦收養，撫養成人，所以沿用了新家庭米契納這個姓。可是，每當他有新書出版，總會收到米契納家族裡某人的惡意攻訐。這個親戚攻擊他玷辱了米契納家族的良好名聲，指責他沒有權利使用這個姓，儘管事實上他還

榮獲普立茲獎。

雖然遭受嚴厲的抨擊，米契納仍舊贊同這個親戚說的一句話。他特別記住這句評論：「你以為你是誰，居然還想要表現得比你自己還要好？」米契納說：「我畢生都設法努力超越自我，任何與我有相同渴望的人，我都是他們的兄弟。」擁抱高層次原理者，對於自己的目標總是精益求精，務求完善。我們也可以做到，如果我們能夠……

雖然別人認為不明智，還是付出更多關懷；
雖然別人認為不安全，還是承擔更多的風險；
雖然別人認為不實際，還是懷抱更多夢想；
雖然別人認為不可能，還是期盼更多；
雖然別人認為不需要，還是更加努力。

倘若我們能夠依照自己的最高標準行事，在遭受攻擊時，就比較不會自我防衛或選擇「低層次道路」。因為，當你知道自己已經竭盡所能，就可以讓那些批評攻訐像雨珠般輕輕滑落你的背（起不了任何作用）。

他們激發出別人最好的一面

你是否聽過獅子和臭鼬的寓言故事？有一隻高傲、喧嘩和特別討人厭的臭鼬向獅子下戰帖。獅子斬釘截鐵地拒絕了臭鼬的挑戰。「哈！」臭鼬輕蔑地說：「你不敢跟我比武！」

「不，」獅子回答：「我幹嘛要跟你比武？你跟我比武會贏得名聲，就算我把你打得滿地找牙也一樣——我會這樣做沒錯。但是，這樣對我有什麼好處？打敗你，我不會得到任何東西；相反地，比武後的當月我所遇到的每個人，都會說我曾經與一隻臭鼬為伍！」

選擇高層次道路，是激發出別人最佳潛能的唯一途徑。哲學家詩人歌德建議：「以人們應該要有的樣子來對待他們，你將會幫助他們發揮潛能，達成他們能力所及的模樣。」

同時激發出自己最好的一面

倘若你能夠竭盡所能地善待別人，不僅會改變你對世界的看法，也會改變自己。亞伯拉罕．林肯總統說：「當我去世的時候，我希望那些最了解我的人會說，在我認為會長出花朵的地方，我總會拔除薊草並且種下花朵。」

這就是高層次原理透過時間對人心起的薰陶：它在野草叢生之處闢出花圃。你對待別人的方式，就是你對世界宣告自己是誰的聲明。你喜歡自己做出的宣告嗎？

倘若你尚未實踐高層次原理，我希望你從今天開始全心擁抱它。這可能是你在人際關係上所能做的最好投資。通常，高層次道路並不是最容易的那條路，但卻是通往生命最高層次的唯一途徑。如果你需要幫助以到達高層次道路，請遵照以下「指示」：

1. 盡可能地待在「仁慈街」；

2. 右轉「寬恕大道」；
3. 避開「復仇巷」，因為它是死巷一條。
4. 爬上山頂，在那兒你就可以看到「高層次道路」；
5. 選擇那條「高層次道路」繼續走下去；如果迷路了，請求上帝給你幫助。

在繼續之前，先讓我們複習一下有關投資的人際原則：

- **花圃原理**：所有的關係都需要細細栽培耕耘；
- **一〇一%原理**：找出彼此認同的一%，然後投注一〇〇%的努力；
- **耐心原理**：和別人同行的旅程，總是比一人獨行來得慢；
- **慶祝原理**：真正考驗友誼的，並不僅是當朋友失敗時，我們有多忠誠，而是當他們成功時，我們有多興奮；
- **高層次原理**：待別人比他們待我們還要好時，我們的層次已經提升至更高境界。

高層次原理討論

❶ 你如何定義「高層次道路」？那些對你採取「低層次道路」的人，為什麼你很難對他們採取「高層次道路」？別人對你做過什麼特殊的「低層次道路」行徑，讓你很難克服傷痛或是視而不見？

❷ 為什麼大多數人都選擇「中間道路」？這對他們的人際關係有何影響？是否有人可以一直待在「中間道路」，同時卻又能夠投資別人？請解釋。

❸ 當人們懷有以牙還牙的心態時，這會對關係造成什麼影響？倘若一個人對生命中某種關係時刻不忘復仇，這樣有可能不影響到生命中其他關係嗎？沉溺在復仇的渴望下，會對一個人的情緒、身體和心靈帶來何種影響？

❹ 請描述在某個關係中，你選擇高層次道路所面臨的困難處境。為什麼這很困難？你如何戰勝自己想要「以其人之道還治其人之身」的欲望？你經常採用這個有效的策略嗎？你從哪裡學會這個策略，或是你是如何培養出來的？

❺ 你是否同意採取高層次道路會激發出你最好的潛能？請解釋你的答案。

第五部

互惠雙贏：成功不是單人表演！多人合作，才能創造豐收

雙贏思維是一種心智架構，在所有人類的互動中，
它不斷地尋求雙方的互惠……雙贏是基於這種模式來運作：
每個人都享有充裕的資源，
一個人的成功並不會犧牲或是排擠別人的成功。

——史蒂芬·柯維

誠實以對的話，我們會承認，在人際關係上我們會想花時間和某些人共處，至於對其他人則否。

我們所渴望的良好關係和避之唯恐不及的關係，這兩者不同之處在哪裡？答案就是：互惠。有些關係是雙贏的，它們為雙方增添價值，這種關係讓彼此都受益。

我相信任何關係都有潛力創造雙贏的局面，雖然並不是所有關係都能達到這種境界。不過，倘若雙方都能夠用「投資的心態」看待關係的話，在彼此取得連結並且建立互信之後，通常，雙贏的結果是可以預期的。

雙贏關係的美妙之處就在於，無論在生活中任何領域以及任何型態的人際關係，如丈夫和妻子、父母和小孩、朋友和鄰居、老闆和員工等，我們都有希望創造雙贏。

如果雙方都能保持付出的心態，而且雙方需求都可以被滿足，那麼，這種關係便可以變得與眾不同。

他們給予對方的不一定是相同的「貨幣」。

或許，他們付出的是無條件的愛；或者，一方提供忠實的欽慕，而另一方提供安全感；或許，一方提供教導，另一方提供感激；一方建立事業，另一方提供薪資；一方提供幽默，而另一方當好聽眾。

在雙方看重的領域上，只要彼此能夠持續地體驗收獲，就可以發展出互惠的關係。

下列這些人際原則將解答此問題：「我們可以創造雙贏的人際關係嗎？」它們也會幫助任何實踐這些原理的人，來開創互惠的關係。

- **回力棒原理**：當我們幫助別人，同時也幫助了自己；
- **友誼原理**：條件不變時，人們會跟自己喜歡的人共事；條件生變時，人們還是會跟自己喜歡的人共事；
- **合夥原理**：和別人一齊努力將增加共贏的機率；
- **滿足原理**：在最美好的關係當中，只要雙方能夠在一起，這種喜樂就已足夠。

長遠來看，不平衡的關係不會持久。倘若一方總是付出，而另一方總是接受，付出的一方終究會不堪負荷。諷刺的是，接受的一方也會變得不滿足，因為他會覺得自己得到的不夠多。

要建立正面、長遠、互惠關係，唯一的方法就是要確認每個人都是贏家！

第22章

回力棒原理：當我們幫助別人，也幫助了自己

任何人都無法變得富有，除非他能豐盛別人的生命。

——安德魯·卡內基（Andrew Carnegie）

問問自己：當我幫助別人時，是否也體驗到收獲？

在我職業生涯的前幾年，我對生命並沒有正確的看法。我把生命當成是一臺吃角子老虎機，想要投入最少的硬幣，卻希望拉到最高的彩金。

令人難堪的是，在與人互動這方面，我也採取類似的做法。我比較在意「別人可以為我做什麼」，而不關心「我可以為別人做什麼」。結果是，還沒有存入任何「人際存款」前，我就想要「領錢」。不用多說，我在這方面並不是很成功。

當我與人共事的時間增多，我的思維也慢慢地轉變。我開始學習「宏觀原理」，用不同的角度看待他人，並且更加看重別人的價值。一旦態度開始轉變，我的行為也跟著有所不同。我開始在人們身上投資，單純只是因為他們有價值、他們很重要。

而我發現，當我把焦點轉向「我可以付出什麼」，而不是「我可以得到什麼」的時候，人們會茁壯成長，關係會變得成熟，而生命也更加愉悅豐盛。自從把付出變成我的目標後，我常感到自己從

人們那兒得到的，遠比我所付出的還要多。

經過這麼多年，我開始學習主動和經常投資他人。在人際關係當中，總有人得先踏出第一步。所以我想，我為什麼不主動出擊呢？面對生命，我開始採取**付出**的方法，專注在人際關係中，自己能夠給予別人什麼。而且，我通常不期待有所回饋。

我發現，當我增加人們的價值時，很多人也會希望增加我的價值。這樣一來，就會發展出令人不可思議的互惠力量，將關係提升到嶄新的境界。

體驗雙贏互惠「人際投資者」的特點

關於付出這個主題，你的看法是什麼？就此主題，我相信只有以下三種人：

1. 收受者：只有接受，從不付出。很多人只關注自己，幾乎從不費心為別人做任何事。這種人是收受者。他們只擔心自己能夠得到什麼，而且從不滿足。

2. 貿易商：接受後，再付出。有些人專注在記帳上，雖然他們願意付出，不過他們最主要的動機並不是去幫助人。他們把關係視為一種交易。通常，他們會付出是因為別人幫助他們，讓他們覺得有所虧欠，所以想要「扯平」。我早年就像這樣。對那些幫助我的人，我心懷感激，可是，我並不了解增加別人的價值有多珍貴，而且我也不會主動付出。

3. 投資家：先付出，再回收。第三種類型的人，他們專注在別人身上。他們先付出，若是有所回報再接受。他們相信幫助別人、關懷別人和積極建設，都可以獲致成功。他們渴望讓自己接觸過的每件事和每個人都能夠變得更好，而他們了解，達到這個目標的最好方法就是自己要付出。奇怪的是，這些心懷主動付出計畫的人，反而最能體驗雙贏關係帶來的互惠效果。

這些「人際投資者」有以下幾個共通點：

投資家了解人們深具價值

有次我向南方貝爾（BellSouth，編按：二〇〇六年被AT&T收購）電信公司的員工演講，一位主管說：「我們公司最可觀的資產就是人。」在這句話中，我同時聽見好消息與壞消息。好消息是，他真正看重員工的價值，並且關心他們的福祉。壞消息是，他這句話只對了一半。**只有在我們樂意去投資人們的時候，他們才可能變成可貴的資產**。如果我們不理不睬，那麼大多數人都還是會保持原狀。

投資家擁抱「回力棒原理」

投資家型的人知道，**幫助自己的最佳方法就是幫助他人**。藉由投資在人際關係上，他們開始這整個投資過程。他們認為每個人都可能當自己的好朋友。作家以及心理諮商師艾倫·勞伊·麥基尼斯（Alan Loy McGinnis）說道：

在我們診所的案例研究中，同事和我都發現，友誼是各種形式的愛的跳板。友誼會滿溢出去擴及生命中其他重要的關係。沒有朋友的人，他們的能量會愈來愈薄弱，終至無法維繫任何型態的愛。他們的婚姻容易結了又離、離了又結，和家人親族的關係疏遠，而且在職場上，和別人也處不好。相反地，那些學會愛朋友的人易於維繫長遠和滿意的婚姻，他們在工作場所和人們相處融洽，而且他們也喜歡兒女相伴。[1]

當你在友誼上投資，你將會開啟投資的大門，最終也會有所回報。

投資家實踐「要怎麼收獲，先怎麼栽」

從來沒有人付出而沒有得到回報的！你或許不相信，但這卻是事實。「回力棒原理」是千真萬確的：當我們幫助別人，我們也幫助了自己。為什麼這麼說呢？因為，每當你對別人付出的時候，將會接受到某些回饋，進而影響你的有價資產、你的價值觀，或是你的品德。

- **有價資產**：有財務價值的東西。關於付出而得的回報，人們通常會想到物質的利益。有時候當你幫助他人，的確會收到某些具財務價值的東西。不過這僅是收獲的一種，往往不是最普遍的。
- **價值觀**：會帶來成就感的東西。你是否曾經匿名奉獻過？如果有的話，你就會了解，雖然沒有得到任何有形的回饋，你的情緒和心靈卻獲益良多。任何時刻，只要你做某事來實踐你的價值觀，都會大大地受益。

●**品德：**會發展出高貴德行的東西。我們的付出在人格方面會收到許多回饋。每當你藉由付出來戰勝貪婪天性的時候，你會變得比較不自私。每當你幫助某人卻看不見立即回報時，你會變得更有耐心。這些都會建立你高尚的性格。

在大自然裡，如果你栽種，就會有收獲。你的收獲取決於你栽種了什麼，而總是要在栽種之後，才得以收獲。人際關係也是一樣。正如大自然，栽種與收獲都需要時間。

投資家相信幫助他人是神聖的事

美國文壇巨擘愛默生建議：

不要憤世嫉俗……也不要悲嘆痛哭。放棄那些負面的觀點……遭逢拒絕也不要耽溺其中，不必對壞人咆哮，卻要歌頌至善之美……捨棄那些對人沒有幫助的念頭。生命中最美妙的報酬就在於，真誠去幫助他人者也會幫助自己。幫助那些年輕的靈魂、增添活力、激發希望、為有益的火焰增添煤炭；用新的思維和堅定的行動轉敗為勝：這樣做，雖然不容易，卻是超凡人類的作為。[2]

投資他人引領你至嶄新境界

投資他人是我們所能做的最高貴、最具生產力的行為。竭盡所能地幫助別人會讓這世界更加美好。正如威爾遜總統（Woodrow Wilson）所言：「你來人世這一遭，並非只是為了謀生而已。你來是為了讓這世界活得更加豐盛，擁有更遠大的願景，擁有更美好的心靈、充滿希望與成就。你來是為了要讓這世界豐盛富足，如果你忘記這件差事，你將會讓自己陷入貧窮境地。」

那麼，你要如何讓這世界豐盛富足，讓自己成為投資他人的人呢？你可以從下列五項步驟開始做起：

一、凡事先想到別人

良好、健康、成長的關係，始於把別人擺在第一優先的能力。請牢記「宏觀原理」，努力培養對他人仁慈的態度。以尊重對方為前提來開創每一段關係，甚至在對方尚未有機會證實他值得之前，對每個人都要仁慈以待。

二、專注在投資上，而不是回報

小說家赫曼．梅爾維爾（Herman Melville）相信：「我們不能只為自己而活。有上千條纖維把我們和同伴連結起來；透過這些纖維脈絡，比方同情這種行為，我們主動發射出去，最後它們會發送回來產生效力。」我們和其他人緊密相連，彼此的命運也交織在一塊。因此，當我們幫助別人，我們將會受益。雖然如此，我們的焦點不應該擺在這上面。

投資人們就好比投資股票市場一樣。從長遠來看，這些投資者將會受益，不過，他們無法掌控報酬是什麼樣的型態，也無法預知報酬如何產生。但是，他們能夠**控制要投資什麼以及如何投資**。投資者應該把時間和精力擺在這裡。

三、挑選幾個深具潛力的人

一九九五年，當我開始全天候地投資人們，我受到感召想要妥善運用策略好好地投資十個人。我希望挑選出十個深具潛力的人進行投資，並且幫助他們成為更好的領導者。雖然這個名單的人選，隨著時間流逝而有所更動，但我服務他人的決心並沒有改變。如果有任何變化的話，也是更加強化。

一九九五年當時，我單純只是想增加別人的價值；而十年後，我則是想藉著增加領導者的價值，來加乘別人的價值。

在進行財務方面的投資時，明智的人不會把所有本金投入單一股票或是單一基金。他們會投資幾項不同的標的來分散風險。（如果你把全部的雞蛋放在同個籃子裡，卻沒有良好的績效，那你麻煩大了。）

雖然如此，聰明的投資者也不會過於分散或稀釋他們的投資標的。他們了解，對於每項投資，所能給予的時間和關注有限。有智慧的投資者在投資人們時，懂得遵循類似的模式。只挑選自己能夠集中火力掌握的人數，只選擇深具成長潛力的人，還有只選擇你的天分和才智能符合對方成長需要的人。

四、在他們同意下，開始投資

對於那些不想要你提供幫助的人，你無法幫助他們。這點似乎很明顯，讓我一度遲疑該不該說，不過我依然認為必須提出來。因為，我看到有些人滿懷善意想要幫助別人，但在開始整個過程時，卻沒有事先得到對方的同意。

在《領導力21法則》這本書中，「信服法則」（the Law of Buy-In）提到人們會先信服領導者這個人，其次才會追隨領導者的願景。諮詢引導式的關係也具有這種「領導者——追隨者」的動態。被教導的一方，必須相信和信任他的導師。若是彼此的關係愈牢固、信任愈強烈，這整個投資的過程將愈有功效。但是，這一切都需要經過對方的同意才能開始。

五、在適當時節，享受報酬吧！

詩人愛德溫．馬爾侃（Edwin Markham）寫道：

我們命中注定就是兄弟；
沒有人能夠孤獨行走人生旅程；
我們帶進別人生命的，
終將回歸自己身上。

我堅信，若是人們的動機純正，並且真誠地想要增添別人的價值，那麼，在幫助別人的同時必定也會有所收穫。

這種報酬或許會立刻發生，或許需要長久時間，但它肯定會實現。一旦實現的時候，這個關係就會創造互惠雙贏，展開不斷的良性循環。

你可能很熟習海倫・凱勒（Helen Keller）的故事，又盲又聾的她，生命因為安・蘇利文（Anne Sullivan）的努力而奇蹟式地蛻變。

當蘇利文進入她的生命，凱勒才七歲，過著幾乎就像小動物般的生活。蘇利文教她和外界溝通，為她打開通往世界的大門。當凱勒長大之後，她不但能夠照料自己，還拿到雷德克里夫學院（Radcliffe College）的學位，成為一位知名的作家和演說家。

然而，你或許不知道，多年後當安・蘇利文生病時，照顧她的不是別人，正是海倫・凱勒。蘇利文這位幫助者變成需要被幫助的對象，而她曾增加價值的人反過頭來增加她的價值。

投資在別人身上，就像「回力棒」一樣，終將回到你身上，只不過有時候會以最讓人料想不到的方式呈現。

回力棒原理討論

❶在過去，你在關係中扮演何種角色：是收受者，貿易商，還是投資家？倘若你是個收受者，你認為自己為何吝於對別人付出？如果你是個貿易商，和別人相處時，你如何「記帳」？如果你是個投資家，你用何種方式投資別人？你希望改變自己看待人際關係的方式嗎？如果是，為什麼呢？

❷假使你不看重別人，你有可能增加他們的價值嗎？請解釋你的答案。那些看重他人、凡事以別人優先的人有哪些特質，請加以描述。想想看你是否認識這種人。你要如何向他們看齊？

❸應該如何挑選被投資的對象呢？被投資者應該具備何種特質？你想要教導的對象，應該要具備哪種特定的需求或是特質？為什麼呢？

❹你最大的天分或才能是什麼？這些特點可以與別人分享嗎？你要如何運用自己的天賦來增添別人的價值？

❺你特意要投資他人的計畫為何？你已經開始執行了嗎？成效如何？你需要作什麼改變？其他人有哪些做法是你可以仿效的？倘若你尚未做好計畫，你認為這計畫應該包括哪些事項？你是否曾經觀察過某個有效的運作模式？如果有的話，你會採納哪個部分？你要何時開始行動？

第23章

友誼原理：
人們永遠會選擇跟喜歡的人共事

我能為朋友做的最好的事就是：當他的朋友。
——亨利·大衛·梭羅（Henry David Thoreau）

問問自己：我是同事的朋友嗎？

如果你突然要處理一項龐大的專案計畫，而時間非常緊迫，你需要召集一群人馬來幫忙完成這項艱鉅任務，你會找誰幫忙？你會找辦公室裡那個老是帶給你麻煩的人嗎？還是特地請那些老是激怒你、惹你反感的人來嗎？當然不會！

倘若你意識到某項商機，覺得這是畢生難得的機會，你會如何抓住它呢？你會打開厚重的電話簿隨便找人幫忙嗎？還是在報上刊登廣告尋找合作伙伴？絕對不會！你會在心裡過濾你的朋友和往來熟識的清單，找出能夠勝任的人，而且會選擇和你關係最好的那個人來幫忙。又假設有兩個人的技能水平相當，你會選那個你最喜歡和他一起共事的人。

或許你會覺得這些觀念實在不足為奇。然而，在商場和職場上，我認為大部分人都低估了這種關係的力量以及重要性。人們總是一窩蜂地學習最新的管理潮流。他們把焦點放在產品的品質；他們建立計畫和系統來提升生產力，或努力地吸引顧客重複上門；他們四處收集電子郵件地址的名單。這些事情或許有所幫助，不過，最重要的關鍵還是在於人際關係。講到做生意，千萬**不要低估友誼的威力，也不要輕忽「受人喜歡」的能量**。

「友誼原理」的最佳例證，讓我們來看看比爾．波特（Bill Porter）的故事。倘若有人有難以在商場上成功的阻礙，他就是這種人。波特生來就罹患腦性痲痺。小時候，他的發育總是比同儕遲緩。一出生，他的右手就幾乎全殘，而且口齒不清很難用言語表達、溝通。

所謂的專家都認定他智能不足，建議父母把他送到特殊的收容機構。但他們拒絕了。相反地，他們大幅調整自己的生活型態來配合他，和他一起努力，幫助他培養獨立自主的能力。波特也非常勤奮，努力完成高中學業，拿到文憑。

口齒不清的銷售冠軍

高中畢業後，他在奧勒岡就業局（Oregon Department of Employment）的協助下找工作。有個庫存管理員的工作，他只做了一天就被辭退；也在友善商店（Goodwill，譯按：著名慈善組織經營的二手貨零售商店）當過收銀員，這次只做了三天。另外，他還在「救世軍」的卸貨倉庫工作過，也在退伍軍人管理局（Veterans Administration）接過電話。

多次被辭退後，就業局的人認定他無就業能力。但是，波特並不放棄。他不想靠政府的殘障救濟金過活。有次他得到一個機會，幫聯合腦性痲痺協會（United Cerebral Palsy）銷售家庭用品來募款。他非常喜歡這次經驗，決定要把銷售當成自己的志業；然而，他很難找到公司願意讓他試試看。後來，他終於說服了瓦特金公司（Watkins Incorporated）的老闆給他機會。老闆不太情願地提供其他銷售員不願接受的執業範圍——純佣金制工作。他要挨家挨戶地推銷家用品。

那是一九五〇年的事了。如今，波特七十多歲了，他仍然為瓦特金公司工作。數十年來，他每天清晨五點四十五分起床，花兩個小時的時間費力地準備和穿衣，然後搭巴士穿過市區來到自己負責的營業區。步履蹣跚地徒步七到十英里，挨家挨戶推銷香草、調味料，和清潔劑之類的產品。早在四十年前，他就榮獲第一個銷售業績獎章，而且早就成為瓦特金公司在西北部的銷售冠軍。雖然，現在這個時代挨家挨戶的銷售員早已式微，他卻仍然屹立不搖、益發壯盛。

他是怎麼辦到的呢？他的第一項資產就是**堅持**；而第二項資產就是**友誼**。不然你要如何解釋，別人很難聽懂他在說什麼，販賣的商品又是在折扣商店可以用更便宜的價格購得，而這種推銷方式早在幾十年前就已過時；另外，由於寫字對他來說相當吃力，他還請客戶自己填寫購貨單，這樣的銷售員是怎麼保持成功的？正如雪莉．布雷迪（Shelly Brady），這位從十七歲起就一直協助波特的女士所說：「他偷偷地進駐人門的心房。」[1]

職場關係的四種層次

一旦了解關係如何影響事業，你就會知道，並非所有的職場關係都是平等的。經過研究之後，我發現有四種不同層次的職場關係。

一、人際知識：你對人了解多少？

在導論中，我曾談到人際技能在職場關係的重要性。人際技能對於你是否成功舉足輕重。對人際技能一竅不通的人來說，縱使擁有全世界最豐富的產品知識、技術上的非凡專業，或是建立超高效率組織的能力，都毫無用處。倘若缺乏人際技能，很快地，他們便會撞到效率的天花板，無法突破僵局。

有些缺乏人際技能的人，他們採取一個有趣的辦法克服自己的缺點，就是找來具有這方面專長的人和自己搭檔。舉例來說，史蒂夫・沃茲尼克（Steve Wozniak）與史提夫・賈伯斯（Steve Jobs），這兩位的組合結合了專業技巧與人際知識，讓蘋果電腦成了家喻戶曉的品牌。

我相信成千上萬技術方面的奇才，如果能夠精通人際知識，或是與長於人際關係的專家搭配，他們的事業將會鹹魚翻身、登上高峰。

二、服務的技能：你如何待人？

《不做決定就是最後的決定》（*This Indecision Is Final*）的作者巴瑞・吉本斯（Barry J. Gibbons）主張：「七〇至九〇%不再續購的決定，並不是基於產品或價格的考量。它們都跟服務有關。」

今天，很多企業認清這個事實，因此十分重視顧客服務。尤其在競爭激烈的市場，你對待客戶的方式更是決勝關鍵。產業競爭愈激烈，服務愈重要。

三、商場的聲譽：你的人際名聲是最大的資產

作家霍華·霍迪森（Howard Hodgson）說：「無論你從事何種事業，都是在人際關係這一行。這就是為什麼，你的聲譽就是你最大的資產。」因為比爾·波特身體上的殘疾，很多人都低估他的人際技能——直到他們認識他。

波特知道如何與人連結，也了解人們的需要。就因為這個原因，成為一個優秀的銷售員。他是這麼做生意的，當他許下任何承諾，他的顧客絕對不會失望。長期下來，他逐漸累積好名聲。結果是，有些橫跨三代甚至四代的家庭都是他忠實客戶！

四、私人的友誼：可以幫你扭轉頹勢

若人們不僅喜歡你的事業，更重要的是喜歡你這個人，那麼，你已經躍升職場關係的最高層次！當你和別人建立起心靈相通、真心誠意的連結，這種關係會強過任何其他形式的商業聯繫。這就是為什麼我會說：**其他條件不變時，人們總是會跟自己人共事**。友誼就是這麼神奇！儘管外在條件如何不利，友誼在很多時刻都會讓你扭轉頹勢，為你贏得商機。為什麼呢？因為人們總是喜歡和自己的朋友相伴共事。

我讀過一個關於越戰將軍威廉・魏摩蘭（William Westmoreland）的故事，那時他正在越南校閱一排傘兵。當他巡視列隊的時候，他問每個士兵：「孩子，你喜歡跳傘嗎？」

第一個回答是：「我熱愛跳傘，長官！」

下一個傘兵以宏亮聲音喊出：「這是我生命中最棒的經驗，長官！」

當他走到第三個傘兵面前，這個阿兵哥的回答嚇了他一跳。

「我討厭跳傘，長官，」這位年輕人回答。

魏摩蘭問他：「那你為什麼要當傘兵呢？」

「因為我想要和熱愛跳傘的人在一起。」

友誼的價值，如何散發芬芳香氣？

雖然，我只在商場和職場的架構下討論「友誼原理」，然而它的應用範圍非常廣泛。人們希望和自己喜歡的人一起投入各項活動。又一次，這個論點似乎再明顯不過，不過我還是得提出來，因為我想要強調，無論在何種架構和情勢下，真誠友誼的價值與威力實在不容小覷。

對於人際關係，古代以色列的所羅門王有令人驚異的洞察力。據說他是有史以來最有智慧的人。在他一生之中，他寫下許多關於友誼的箴言佳句，就算在今天，我們仍可以從中學習得益。何謂真正的朋友？以下就是幾點真理：

真正的朋友非常罕見

所羅門寫道：「泛泛之交來來去去；真正的朋友卻像家人一樣永遠與你同在。」[2]當你和某人發展出深摯的友誼，請務必看重珍惜，因為真正的朋友實在罕見。

真正的朋友：

看過你最糟的一面，但卻永遠記得你最好的一面；
總是認為你比真實的你還要好；
你可以和他促膝長談好幾個小時，或是一句話也不說；
對你的成功和你一樣興奮；
信任你，當他和你說話時，他所說的正是他心裡所想的；
在你面前不會想要裝得更有學問、裝得更聰明，或是老是想當你的老師。

簡言之，真正的朋友無論何時都是你的朋友。請珍惜你真正的朋友，他們是如此珍貴。更重要的是，你也要設法當別人真正的朋友。這是你能給別人最珍貴的禮物。

真正的朋友振奮人心

所羅門觀察道：「正如香膏和芬芳香氣讓人愉悅，甜美的友誼振奮心靈。」[3]無論你身處何種情況，只要有朋友在，生命總會更臻完善。當你想要與人分享有趣的經歷，沒有什麼比朋友相伴更美妙。當你面臨急難關頭，朋友總是為你分憂解勞。路易斯（C. S. Lewis）說：「當一個人跟另外一個人說：『什麼，你也是？我以為只有我這樣。』時，友誼就在此刻誕生。」不管你發生什麼事，這種連結深深鼓舞人心。

其他人對你的反應如何？當人們看見你走來，他們是期待被激勵，被注入活力嗎？或是，他們必須耗費精力才能勉強維持與你的互動？其實，每個人都應該努力成為一股清新氣息，為別人的生命注入生氣。

真正的朋友讓我們變得更好

在最理想的友誼關係之中，只要彼此在一起，就會讓對方變得更好。正如所羅門所說：「鋼鐵磨利鋼鐵，朋友互相砥礪。」[4]汽車製造商亨利．福特和某人共進午餐，福特問那人：「誰是你最好的朋友？」他正等著對方的回答，那人卻一臉遲疑，並不確定。

於是，福特對他說：「我告訴你，你最好的朋友是誰。你最好的朋友，就是能夠激發出你內在最好一面的那個人。」真正的朋友就像這樣。他們互相砥礪，激勵出彼此最好的一面。

真正的朋友始終忠誠如一

你聽過這個腦筋急轉彎嗎？如果你把靈犬萊西和比特鬥牛犬交配，會產生什麼樣的狗狗？牠會把你的臉咬掉，然後跑去找人幫忙。真正的朋友並不會這樣。在這個世界上，有很多人對別人漠不關心。所羅門說：「無情無意的野心家背叛自己的朋友；他們甚至會在自己的祖母背上捅一刀。」5然而，真正的朋友無論如何永保忠誠。

身兼作家和牧師的理查・艾斯禮（Richard Exley）說：「當你分享內心最深沉的情感時，真正的朋友會傾聽與理解。當你掙扎時，他會支持你；當你犯錯時，他會用愛溫柔地指正你；當你失足時，他會寬恕你。真正的朋友會激勵你的個人成長，傾全力讓你把最大的潛能發揮出來。最令人驚奇的是，當你成功時，他會像自己成功般為你歡慶。」

你不可能和每個人都維持深厚的友誼，也不應該嘗試這樣做。然而，你應該和少數幾個人培養真摯而深厚的友誼。

面對泛泛之交，還是可以成為一個友善、仁慈、支持他們的人。你可以把每個人都當成獨特的個體來相待，不要只是把他們當成生意上的「聯絡管道」。倘若你能夠優先以人為本，其次再來擔心你的生意，那麼，你已經走上友誼原理的實踐道路了。

不論你從事何種工作或行業，友誼原理都可以幫助你。不論你是售貨員或顧客、老闆或員工、高階主管或是家庭主婦，都不會有所影響。不管你從事什麼工作，如果你能夠以朋友之道真誠待人，那麼，和你接觸的人都會樂意與你相處共事。

友誼原理討論

❶ 當別人把生意擺前面、朋友放後面，你要如何辨別？若是有人以朋友為優先，那你又如何得知？是什麼動機使人把生意擺在優先位置？而把朋友擺在第一順位的人，他們的動機又是什麼？你的天性是屬於哪一種呢？

❷ 你是否同意，當你把友誼擺在生意之前，你很有可能在交到好朋友的同時，也在生意上大有斬獲？請解釋你的答案。

❸ 思考一下這四種層次的職場關係：人際知識、服務技能、商場聲譽、私人友誼。和你生意上有往來的人大部分是屬於哪種層次？如果對方是你的同事或是顧客，會有什麼不同嗎？你喜歡他們位在哪種層次？是什麼原因妨礙你提升職場關係層次？

❹ 你是否曾經在某個聲名狼藉的公司或企業做過事？感覺如何？在那樣的環境下，有可能實踐友誼原理嗎？在那種情況下，你會有哪些阻礙？你必須如何做才能成功地實踐友誼原理？

❺ 你是否同意，真正的朋友會激發出你最好的一面？如果你同意，這個正面的機轉是如何產生的？那些激發你最好一面的人，後來有成為你的朋友嗎？或是，因為他們是你的朋友，才能激發出你最好的部分？這種來自朋友的鼓舞和砥礪，如何應用在工作場合上？

第24章

合夥原理：與人同行，增加共贏機率

你可以做我不能做的事，我可以做你做不到的事。
我們一起可以成就很多大事。
——德蕾莎修女（Mother Teresa）

問問自己：因為我的加入，別人會更好嗎？

面對生命，有些人天生就有合夥互助的心態。因此，這些人都有不凡的成就。班傑明．富蘭克林就是這種典型。富蘭克林為後世深深景仰，他身兼印刷業者、政治家、發明家、作家，也是美國的開國元勛。

他出生於波士頓，在家中十七個孩子中排行第十五，父親是蠟燭製造商。他正式的學校教育不超過兩年。十二歲時，他去當哥哥的學徒，學習印刷行業。十七歲時，除了自己的天賦與勤奮外別無資源，他赤手空拳地搬到費城開創前途，一開始他從事印刷和新聞業。一七三〇年，二十四歲的他當上老闆擁有自己的事業；一七四八年，他已經有錢到可以退休了。

富蘭克林想要退休的原因，是因為他想要全心投入科學研究。他在電學方面的實驗讓他舉世聞名。一七五〇年代，他開始貫注心力在公共事務與政治上面。同樣地，他在這方面的成就也令人驚嘆不已。

他是少數策畫了美國獨立革命以及創造這個嶄新國家的推手之一。他與人共同起草《獨立宣言》以及美國憲法，也是唯一簽署以下四項對創建美國助益甚多文獻的人：《獨立宣言》（一七七六年）、法國同盟有好通商條約（Treaty of Alliance Amity and Commerce with France，一七七八年），英法美和平條約（Treaty of Peace between England and France，一七八二年），以及美國憲法（一七八七年）。[1]

富蘭克林深知合夥的強大威力

在粗略回顧富蘭克林這麼多非凡成就後，或許很容易讓人認為他是喜歡獨自工作的人。這就大錯特錯了。從他職業生涯早期開始，富蘭克林就已經欣然接納了「合夥原理」。雖然所受的教育極其有限，他卻是一位終身學習者。而且，了解到單憑一己之力，絕對無法獲致最大的進步。所以，在一七二七年、他二十一歲時，創辦了一個叫做「Junto」的團體。

富蘭克林形容它「是個讓大家互相改進的社團」，大部分由「我所熟識聰明靈巧的人」組成。他說：「每週五聚會，我規定每個成員，輪到他的時候，必須提出任何有關道德、政治或自然哲學的一個或是多個問題，讓大家討論；每三個月要寫出一篇文章唸給大家聽，題目自訂。」[2]富蘭克林所創辦的Junto，最後發展演變成美國哲學會（American Philosophical Society），時至今日這個團體依然屹立不搖。

富蘭克林持續自我教育的重要方法便是——閱讀。年輕的時候他經常阮囊羞澀，於是想出以合夥的方式購書。他說服一群人共同集資，買下一整座圖書館的藏書來分享。一七三一年，這個點子發展成美國第一間讓人借書的圖書館。他不斷地運用類似的合夥方式。

一七三六年，當時因為費城遭受火災的威脅，他說服一批殖民者組成費城第一個志願救火隊。一旦火災發生，倘若有任何成員遭受生命財產的威脅，其他成員會立刻趕赴救援。一七五一年，他幫助設立全美第一家公立醫院。一七五二年，他鼓吹一批殖民者加入費城互助聯盟（Philadelphia Contributorship），藉以分擔財物上的風險，這是美國第一家火災保險公司。另外，他還聚眾之力一起雇用清道夫和聘僱地方的警察。富蘭克林屢屢與人合作，讓所有的人都能夠有所成就。

儘管富蘭克林變得非常成功，卻**從未放棄這種與人合夥、追求共贏的方式**。他還把這種方式擴大運用在全國性以及國際性的事務上。那時美國正追求獨立，開國元老們知道，若是沒有其他國家的幫助與合作，美國絕對無法在抗爭中存活。於是，他們派遣富蘭克林至歐洲，成為美國第一任駐法大使。他成功地說服法國人與美國結盟，共同對抗英國。學者里歐·雷梅（Leo Lemay）稱富蘭克林是「有史以來最重要和最成功的美國外交家」[3]。

一七八七年，確保了獨立地位後，這個新生的國家著手訂立自己的憲法，不過，當時代表們對於立法機關的架構並無共識。於是富蘭克林提議「最大妥協」，因此創立了目前參議院與眾議院的國會兩院制度。對美國而言，只有極少數人像富蘭克林一樣有那麼大的影響力，也只有極少數人像他一樣懂得合夥的強大威力。

一個人的力量太小！學習仰賴他人

富蘭克林從年輕時就了解，和別人一齊努力將增加共贏的機率。我真希望自己能像他那樣睿智，我花了好久時間才真正學會合夥原理。關於「合夥」在人生中的面向，我經歷了四個階段：

一、我想成為有所影響的人

就想許多人一樣，我從被我稱為「自我階段」作為出發點。我把焦點擺在自己，以及自己能做什麼上面。這並不是說我做錯什麼，我的動機是正面的。只是，我的眼光、連同效率，都被局限住了。雖然努力工作，而且完成許多事，不過光靠自己的能力，做不了什麼真正意義重大的事。後來，我把自己的發現寫在《領導團隊17法則》這本書中，這的確是事實：**只有一個人的力量太小，不足以成就大事業**。

倘若你認為，光憑一己之力就能夠有所影響，那麼，你應該讀這位詩人所寫的〈不可或缺的人〉（The Indispensable Man）：

有時候，你自覺重要；
有時候，你的自我繁茂；
有時候，你認為理所當然，
你是滿室最有資格的人。

有時候，你覺得自己的離去
會留下一個無法填滿的空洞；
只要遵照這個簡單的指示，
看看它如何讓你心謙卑。

拿個桶子盛滿水，
把手伸進去直至手腕；
抽出手來然後留下的那個空洞，
就可以衡量你會如何被懷念。

當手伸進桶裡時，你愛怎麼潑灑就怎麼潑灑。
你可以翻攪大量的水花；
不過一旦停止動作，你會立刻發現，
桶子裡仍舊像往常一般。

這個古怪的例子告誡我們
竭盡你所能地去做；

> 為自己感到驕傲，但是切記
> 世上沒有不可或缺的人！[4]

對我個人來說，「我有所影響」會讓我士氣高昂；相反地，「我毫無影響」則會讓我士氣低落。倘若你個人的幸福感也會隨著自己「正面影響他人」的能力而有所起伏，那麼，你得跳出僅憑一己之力的框架，更深一層地去思考。

二、不是每個人都能和我們同行

當我把焦點向外移出，我發現，有別人一起同行讓我能夠走得更遠、成就更多，因此，我想要帶所有人與我同行。不久，我就明白這是個錯誤。原因是：

- 並不是每個人都應該走這趟旅程——熱情。你是否曾經與這種人共事？他們口口聲聲說與你同一陣線，信任你設立的目標；然而，你卻得隨時說服他們盡自己分內的責任。這些人對工作沒有熱情。他們或許想要搭便車，但他們卻沒有興趣出力。如果你讓他們上車，他們終將會讓你感到筋疲力盡。
- 並不是每個人都想要走這趟旅程——態度。有些人就是不信任你，或是不信任你要做的事。這並不表示你有錯，也不表示他們有錯。這純粹只表示，你不應該帶著他們同行。
- 並不是每個人都能夠走這趟旅程——能力。合夥團隊和救援團隊這兩者的不同，就在於能力。有些人或許想要有所影響，但是他們卻沒有能力正面影響你在做的事。你承受不起和不適任的人共同合夥的下場。

在這個階段我學會，雖然我應該設法和每個人建立關係，不過，我卻只能和少數幾個人發展合夥關係。

三、追求和「希望有所影響」的人一起產生影響

英國政治家亨利．范．戴克（Henry Van Dyke）觀察道：「在人格成長的過程當中，首先會宣告獨立，然後認知到人與人之間的相互依賴。」四十歲的時候，我進入人生另一個階段，我終於了解這個事實：**你身邊最親近的人會決定成功的層次**。就在那時，我從和善良、有能力的人共事，轉向和「有所影響」的人合夥。讓我告訴你進入更高層次的祕訣：找出和你有同樣熱情與使命的人，這些人同時需要別人的幫助來有所影響。當你和這種人合夥，前景真是無可限量。

四、幫助他人，讓生命更豐盛

只有在我生命的這個時刻，才進入我所謂「意義重大」的階段。我擁有很多收獲豐盛的合夥關係，藉由幫助他人，一起為別人帶來正面的影響。我實在想不出來，還有什麼事會比這更令人愉悅、收獲更豐盛？哈洛德．庫希納拉比（Rabbi Harold Kushner，譯按：拉比是猶太教對導師或聖者

的尊稱）說：「人生的目的並不是去贏。人生的目的是成長與分享。當你回顧自己的生命，對於那些勝過及打敗別人的時刻，你並不會有多喜樂；相對地，若是你為別人的生命帶來愉悅，這種回憶才會讓你更加滿足。」

合夥，帶來力量與光明

當你讀過前面幾頁，你或許會注意到我經歷的過程：

我想要有所影響（**自我階段**）；

和「希望有所影響」的人合夥（**分享階段**）；

做出具有影響力的事（**意義重大的階段**）！

在「自我階段」與「意義重大階段」之間，是「與人分享」的階段。你會發現，與別人合夥會帶給你不可思議的力量。這可能是生命中最美妙的經驗。與人合夥有許多益處如下：

當一根蠟燭點燃另一根時，它沒有任何損失

湯瑪斯・傑佛遜（Thomas Jefferson）觀察道：「**當一根蠟燭點燃另一根蠟燭時，它沒有任何損失**。」合夥的真正本質也是如此。我發現有很多人並不這麼想，他們相信，分享就是要失去某些東西。然而，我認為這並非事實。

任何人都抱持兩種心態的其中之一：稀少或富足。懷抱「稀少」心態的人相信，資源有限，所以必須竭盡所能地去爭取，並且不計任何代價保衛自己所擁有的。而懷抱「富足」心態的人相信，資源豐富，總是夠大家用的。如果你有任何點子，就要與人分享，你總會想出其他新點子；如果有錢，就要施捨一些，你總是能夠賺更多；如果你只有一個派，讓其他人享用，總是可以再烤一個。

我認為，你期待生命給你什麼就會得到什麼。你可以囤積自己僅有的少數東西，而不再得到更多。或是，你可以付出自己所有，將會大大地享受豐盛的回報。你的態度將是關鍵。所以，倘若你和別人合夥並且慷慨付出，不論以何種形式，你的收穫將會比付出的還多。

幫助他人勝利，你的勝利將隨之而來

小說家馬克．吐溫說：「為自己加油打氣的最好方法，就是為每個人加油打氣。」他直覺地知道，當你幫助別人，也會幫助自己。至少，幫助另一個人將會帶給你滿足感。而且，常見的是，當你幫助別人，他們也會希望回過頭來幫你。

希普利公司（Shipley Associates）總裁和執行長理查．希普利（Richard Shipley）建議：「和別人共同努力幫助他們達成勝利；你的勝利也會隨之而來。把所有權和對的人分享。你會花許多時間和這些同仁共事，所以請選擇那些你真正喜歡共處的人。容許成功的同事公平分享你們共同努力的果實。」

與人合夥，希望無窮

二〇〇三年的時候，音久管理顧問公司的總裁戴夫・蘇瑟蘭（Dave Sutherland）已經預備好迎接轉變。他將搬去西岸，他的孩子和孫子都住在那兒。音久管理顧問公司是我創辦的，近十年來由戴夫領導，他做得非常好，我正在傷腦筋不知道有誰可以取代他的位置。不久，我就想到應該繼任他來掌舵：科克・諾威立（Kirk Nowery）。

科克曾經擔任牧師，幾年前加入我們，他曾與好幾百位牧師和教會共同努力，累積了豐富的經驗。對於增加牧師的價值，他非常有熱情，擁有令人驚異的技能，沒有人比他更勤奮，而且他還是一位優秀的領導者。對於幫助眾教會實現願景，我實在想不到有誰比他讓我更想搭檔合夥。因此，瑪格麗特和我與科克懇談，經過好幾次長時間討論，我請他接受這份工作。

幾天後，我們收到一張卡片。卡片上印刷的訊息是：「對於過去的一切，謝謝。對於將來的一切，我願意。——達格・哈馬紹（Dag Hammarskjold）」在這句話的下面，科克手寫道：

親愛的約翰和瑪格麗特，

謹以最深的敬虔與榮耀，我接受。

那一刻我好高興，也滿心感激。如果你想要培養雙贏，請擁抱「合夥原理」。或許在你心裡早已明瞭，自己獨立能完成的事，遠不及與別人一起成就的事。最有收獲的關係就是合夥關係。無論在商場，或是在婚姻，我發現這都是不變的真理，相信對你來說，這也會是你最豐收的關係。

合夥原理討論

❶「有所影響」對你的意義是什麼？你可曾思索，自己是否有這個渴望，或者你要如何在生命中「有所影響」？你的夢想是什麼？要達成夢想，你必須採取哪些步驟？

❷大部分你認識的人處於哪一個階段：自我階段、分享階段，或是意義重大的階段？你如何辨別？是否每個人都必須經過前兩個階段，才能進入第三個階段？你目前在哪一個階段？請解釋你的答案。

❸對於身邊最密切合作共事的人，你擁有多少主控權？主控權的多寡是否會影響你達成目標、實現夢想的能力？倘若你無法掌控，你要如何改善情勢？在哪些領域，你現在可以選擇和「有所影響」的人共事？你要如何去尋找擁有相同熱情、相近的使命與才華，以及需要合夥關係的伙伴？

❹請描述像真正合夥關係般的婚姻。這樣的婚姻關係有什麼優點？倘若婚姻伴侶無法一起共事，會有什麼影響？如果你已婚，對於婚姻的合夥關係，請描述你的態度，也請描述配偶的態度。你們兩位可以做什麼來增進共事的能力？

❺領導者是否應該跟同事培育合夥關係？請解釋。如果是的話，什麼時機比較恰當？如果你是領導者，你的身邊圍繞哪種人？你認為身邊最親近的人是「和你一起共事」還是「為你做事」？對於和他們的互動方式，你有任何想要改變的嗎？

第25章

滿足原理：找到人生中最美好的關係

快樂與人分享，快樂加倍。

——歌德

問問自己：最親近的朋友是否只因為與我在一起，就能感到快樂？

我領導聖地牙哥（San Diego）的教會長達十四年時間，每年十二月時，都會推出大型慈善演出與社區接軌，並為本地的受虐孩童基金募款。我總會參與表演，有時擔任主持人，有時也會在某個場景客串喜劇角色。每年至少演出二十四場。這是種很開心，又讓人筋疲力盡的經驗。

在每場演出之前，我習慣先走進觀眾席帶動氣氛，我會和每個人聊聊並和觀眾互動。我總是喜歡找出觀眾裡結婚最久的夫婦。我還記得，這麼多年來，有對夫婦始終在這項記錄上衛冕成功。他們結婚七十七年！

當這對夫婦站起來，觀眾們大聲鼓掌喝采時，他們的雙眼就像星星般閃閃發亮。「你們兩位希望我為你們作婚姻諮詢嗎？」我問他們，觀眾席總會噗哧、爆出一陣笑聲。

那位年長的紳士看著我微笑，輕輕地像說出祕密般：「我們的婚姻現在愈來愈好了。」對於那些能夠維持穩固長期關係的人，多數人都會深感欽佩和尊敬。維繫七十七年的婚姻真是令人驚嘆。而任何持續十年以上的友誼，也會讓眾人欣羨不已。

好萊塢（Hollywood）是個一向被批評為膚淺的城市，喬治・伯恩斯（George Burns）和傑克・班尼（Jack Benny）卻在此建立非常美妙的友誼。伯恩斯與妻子葛蕾絲・艾倫（Gracie Allen）三十八年的婚姻（直到艾倫於一九六四年去世為止）固然令人欽佩，但他與傑克・班尼的友誼卻維繫得更久。一九七六年班尼去世後，伯恩斯如此描繪他們的友誼：

> 傑克和我有將近五十五年非常棒的友誼。當我在唱歌的時候，傑克從未奪門而出，而當傑克在拉小提琴的時候，我也從不落荒而逃。我們一起歡笑、一起玩樂、一起工作，也一起吃飯。我相信，有好多年我們每天都會聊天。[1]

什麼關係，可以帶你最大的滿足？

我認為，每個人都喜歡擁有像伯恩斯和傑克，或是像那對結褵七十七年的老夫妻這樣的關係。但是，要如何才能達到那種境界？基礎就在於這本書所提供的人際原理。

持久的關係得先從健康的關係開始發展。除此之外，我相信有四個要素可以營造出「只要一起，就足夠讓我心滿意足」的關係：

一、共同的經歷與回憶，創造聯繫

二〇〇四年三月，瑪格麗特和我跟「美國事工裝備」（我所創辦的非營利機構，致力於教導海外的領導者）的同工，一起去非洲十七天。這實在是個累垮人的旅程。我們在非洲大陸長途跋涉，奔波拜訪四個國家。

許多個早晨，我們七點就起床授課，像陀螺般一直忙到半夜十二點或清晨一點。在為期兩個星期的授課當中，僅有一次短暫的休息，我們參加兩天的非洲草原之旅，去看看叢林野外那些令人讚嘆的野生動物。湯姆．穆林斯也與我們同行。湯姆是位優秀的領導者，同時是佛羅里達州一間大教會的成功牧師，他幫我們團隊擔負教導的責任。我們成為朋友已經八年，認識他愈久，我就愈尊敬他、愈喜歡他。

從非洲回到亞特蘭大的那天下午，瑪格麗特和我從機場拖著疲憊的步伐回到家中倒頭就睡。我們什麼事都不想做，只想睡覺。甚至在隔天，時差也還沒調過來，感到疲憊不堪。當我坐在書桌前整理信件、追趕工作進度時，我接到一通電話。是湯姆打來的。我們才一天不見，他已經想要回憶往事了。我們齊聲大笑同行的非洲草原之旅，（其他遊客都配備附有伸縮鏡頭的昂貴相機，而湯姆和我什麼也沒帶，只帶了一個立可拍！）一起回想這段艱辛的行程。這趟授課有好幾千個學生，對於他們熱烈的反應，我們同感驚異。

最後，湯姆說：「約翰，讓我們再做一次！」湯姆和我永遠不會忘記那次共同的旅程。我們共有的記憶將成為我們之間永遠的聯繫。對於我們最深厚的關係，像那樣的經歷彌足珍貴。當我們孩子正在成長的時候，瑪格麗特和我總是設法和他們創造許多共有的回憶。而從結婚那一刻開始，我們就立誓要竭盡所能地，共同創造彼此最美好的回憶。

二、共同成長，才能創造堅定的承諾

一九七〇年代，那時我和瑪格麗特住在俄亥俄州的蘭卡斯特市，開始投入我們的第一樁事業。她和兩個朋友決定合夥開家花店。那時我們沒有什麼錢，所以擬定好創業計畫便去找當地銀行業者談貸款。我仍然清晰地記得當時的場景，我們坐在他的辦公室裡與他對望。

他說：「有好消息，也有壞消息。好消息是，我會給你們貸款。」我們高興得飄飄然。「壞消息是，如果你們和大部分的創業者一樣，那麼，你們的合夥關係在幾年內就會破裂。很多人在開始的時候合夥，卻只有少數人能夠繼續維持。」任何型態的關係都是這樣，開始和終結關係總是比辛苦的維繫要容易多了。為什麼呢？

關係的開始，讓人有一起開創的興奮感；
關係的繼續，要靠彼此團結在一起的堅定承諾；
關係的恆久維繫，一定要有我們同在一起的喜樂感受。

那麼，要跨越「開始的關係」與「恆久的關係」之間鴻溝的橋梁是什麼？答案是成長。**共同成長的伙伴，會對彼此有更堅定的承諾**，他們通常也會更加快樂。

事實上，所有的關係都會有變化——朝向破裂或是朝向團結。如果我們能夠用心刻意去追求共同的成長，那麼維繫恆久關係的機率將會大大提高。不幸的是，那位蘭卡斯特的銀行業者所說的話後來成真。第二年結束時，其中一位合夥人不再承諾經營這個事業，選擇了退出。

三、彼此尊敬，創造健康的環境

在一段關係中，彼此的尊敬會創造出健康的環境，因為尊敬會創造出兩種東西。首先，它會產生信任，你也知道，信任是所有關係的基石；其次，它會誘發服事之心。對那些自己深深敬重的人，我們總是無法克制自己不去幫助他們或是服事他們。

正如愛因斯坦所說：「只有為他人而活，生命才有價值。」

四、毫無條件的愛創造安全的環境

童書作家迪娜．瑪麗亞．穆拉克．克拉克（Dinah Maria Mulock Craik）寫道：「哦，和某人在一起時感到安心，這種自在舒適無法言喻；不用權衡思緒或言語，只要一古腦兒地全部傾訴，以原來的樣子，穀粒與粗糠相連，知道有信實的大手會負責篩選過濾，留下值得留下的。然後，仁慈地呼一口氣，把其餘的吹走。」**當某人愛你，沒有附帶任何條件，也沒有任何私心，這會是世界上最自在的感覺**。無論你身處何方，這樣的愛都會為你創造出安全的環境。

最近，瑪格麗特和我一起搭飛機旅行，我們隔著走道和坐在另一邊的夫婦聊天。那位太太問：

「你們家在哪裡？」我連想也沒想就指指瑪格麗特說：「她在哪裡，我們的家就在哪裡。」我說的是真心話。瑪格麗特無條件地愛著我，和她在一起，我可以自在地做自己，就好像沒有人在旁邊一樣。她是我安全的避風港。在生命中，如果你最親近的朋友能夠給你無條件的愛，沒有任何事會比這更甜美。能夠有瑪格麗特相伴，我覺得自己非常幸運。我總是告訴人家，這輩子做的最好決定就是求她嫁給我。我每天都會這麼想，而且也盡可能地經常告訴她。

在二○○四年的情人節，我寫給她一張短箋回顧我們的關係。她同意我與你們分享：

瑪格麗特：

大約就在四十年前這個時候，我們開始約會。雖然每一年似乎都過得比前一年快，我們的生命卻充滿回憶。我現在五十六歲，很多事都已忘記，不過，那些特別的回憶在今天仍然栩栩如生、歷歷在目。我問自己：「那些回憶之所以特別，是因為我們所做的事，還是因為我們共同經歷了那些？」答案是……兩者都是。因為我們在一起，讓那些經驗更加特別。

當我們分開時，我總是特別期待每天晚上的電話時間。這是我一天中最快樂的時刻。為什麼呢？是因為我們彼此分享一天當中發生的事嗎？不是，是因為我們又可以聚在一起了。

談戀愛的時候，我會開車從塞克維爾（Circleville）到奇利科西（Chillicothe）和妳進行晚餐約會，我還記得很清楚自己在車上的那種期待。我幾乎等不及！經過這麼多年，每當我離家的時候，那種再次見到妳的期待並沒有絲毫減少。這就是為什麼，我總是會在離開機場奔回家的路上，就迫不及待地打電話給妳。瑪格麗特，這些年來，每當妳再次看到我的時候，妳散發出來的喜悅也是一樣強烈。每次我打電話給妳，妳總是很興奮地接電話，讓我知道自己是被深愛著的。

我永遠不會忘記那次，妳賣掉一些在俄亥俄州立大學讀書時用的教科書，來買巴士車票，為的是給我驚喜，讓我們可以共度一個夜晚。我也不會忘記，妳從尼泊爾跋涉到印度的德里只為和我多消磨一個夜晚。那些為了能夠相聚特別做的努力，就是我們婚姻如此成功的祕訣。

關係不會保持原狀，它不是更緊密就是會失散。

我們的關係從開始到現在四十年了，我們仍舊喜歡在一起。

讓我們一起散步去拿信吧。

愛你的

約翰

「一起散步去拿信」，對我們的意義就是「要花時間一起，因為這就足以讓我們喜樂。」這正是所有美妙關係都會提供的——喜樂。我希望在你的生命裡，有人可以和你分享「滿足原理」。如果你身邊有這種人，請心懷感激。如果沒有的話，請開始實踐書中的人際原理。然後，用心去培養收穫豐富的關係，在其中創造共有的回憶，共同成長，彼此敬重，並且互相給予對方無條件的愛。如果你能這樣做，遲早你也會經歷那種深厚、恆久的關係所帶來的喜樂。

滿足原理討論

❶ 一個人可以在冷漠疏離的同時，仍能與人發展出有益的雙贏關係嗎？請解釋你的答案。要發展出深厚的關係，必須付出什麼代價？對你來說，何種情況值得你心甘情願地付出代價？

❷ 想想看你是否熟識任何人，他們維繫良好的關係超過二十年。（任何型態的關係都可以，例如夫妻、商業伙伴，或是朋友。）請描述他們的關係。他們是如何讓關係生生不息呢？從他們身上，你可以學到什麼？

❸ 在高度安全的關係當中，「互相尊敬」和「無條件的愛」兩個因素扮演何種角色？想想看你生命中最親近的關係。和對方在一起，你是否有安全感？你可以說出任何你想說的話嗎？你可以表達自己的情感嗎？如果你們之間有長時間的沉默，你會覺得自在嗎？如果答案是否定的，你要如何改變這種氛圍，讓它更正面呢？

❹ 請指出有哪些方法，讓婚姻伴侶能夠一起成長，確保他們不會走向離異之路。要讓持續成長融入婚姻中，有多困難？大部分的夫妻會面對什麼樣的挑戰和障礙？他們該如何克服？堅持下去會有什麼收獲？在你的婚姻當中，在持續成長這個領域是否成功？

❺ 共同的經歷和回憶，如何影響你最親近的關係？請描繪你最珍視的回憶。你的朋友或家人也珍惜這共有的回憶嗎？你是否經常提起這些美麗的回憶，並且重溫當時的感動呢？你認為這樣做是有益的嗎？你會刻意用心去創造嶄新的共同記憶嗎？在這方面，你要如何改進？

NOTES

● 導論

1 Zig Ziglar, *Top Performance: How to Develop Excellence in Yourself and Others* (New York: Berkley Publishing Group, 1991), italics added.

● 第2章　鏡子原理

1 " Pete' s Records," www.peterose.com (accessed 20 January 2004).
2 Pete Rose, www.baseball-reference.com (accessed 20 January 2004).
3 Lieber and Neff, "The Case Against Pete Rose."
4 Rose, www.baseball-reference.com (accessed 20 January 2004).
5 "Pete Rose: 'I bet on baseball,' " excerpt from *My Prison Without Bars*, in *Sports Illustrated*, 5 January 2004, www.si.com.
6 Craig Neff and Jill Lieber, "Rose' s Grim Vigil," *Sports Illustrated*, 3 April 1989, www.si.cnn.com (accessed 5 January 2004).
7 Lieber and Neff, "The Case Against Pete Rose."
8 "Pete Rose: 'I bet on baseball.' "
9 Ibid.
10 Ibid.
11 Ibid.
12 John C. Maxwell, *The 21 Irrefutable Laws of Leadership* (Nashville: Thomas Nelson, 1996).
13 Phil McGraw, *The Ultimate Weight Solution* (New York: Free Press, 2003), 25.

● 第4章　鎚子原理

1 Proverbs 15:1.
2 Marshall Goldsmith, "How to Learn the Truth About Yourself," *Fast Company*, October 2003, 127.

● 第5章　電梯原理

1 George W. Crane, *Dr. Crane' s Radio Talks*, vol. 1 (Mellot, IN: Hopkis Syndicate, Inc., 1948), 7.
2 Ibid., 8-9.
3 Ibid., 16.
4 Ella Wheeler Wilcox, "Which Are You?" *Custer, and Other Poems* (Chicago: W. B. Conkey Company, 1896), 134.
5 Anonymous.

● 第6章　宏觀原理

1 "Meet the New Angelina Jolie," www.cnn/2003/showbiz/movies/10/25/jolie.ap (accessed 13 January 2004).
2 "Child Changes Everything," ABCNews.com, 17 October 2003.
3 Ibid.
4 Ibid.
5 Ibid.
6 "Meet the New Angelina Jolie."
7 Author unknown.
8 Bob Buford, *Halftime* (Grand Rapids: Zondervan, 1997), 138.

● 第7章　交換原理

1 Art Mortell, "How to Master the Inner Game of Selling," vol. 10, no. 7.

● 第8章　學習原理

1 Tom Seligson, "How a Wiseguy Set Me Straight," *Parade*, 18 January 2004, 18.
2 Ibid.
3 Joe Pantoliano with David Evanier, *Who' s Sorry Now* (New York: Plume, 2002), 243.
4 Ibid., 14.
5 Ibid., 289.
6 Philip B. Crosby, *Quality Is Free: The Art of Making Quality Certain* (New York: Mentor Books, 1992), 68.

● 第9章　魅力原理

1 Reprinted with permission from "Dr. Zimmerman' s Tuesday Tip," a weekly Internet newsletter, www.drzimmerman.com, Tip #171, 23 September 2003.
2 Marcus Buckingham and Donald O. Clifton, *Now, Discover Your Strengths* (New York: Free Press, 2001), 116.

●第10章　滿分原理

1 Marilyn Haddrill, "Lessons in Learning: Ex-Marine-turned-teacher Shapes up Her Tough High School Class," *Chicago Tribune*, 3 March 1996, http://internet.cybermesa.com (accessed 22 January 2004).
2 Ibid.
3 Ibid.
4 LouAnne Johnson, *The Girls in the Back of the Class* (New York: St. Martin' s Press, 1995), 61.
5 LouAnne Johnson, *Dangerous Minds* (New York: St. Martin' s Press, 1993), 7.
6 Johnson, *The Girls in the Back of the Class*, ix-x.
7 Haddrill, "Lessons in Learning."
8 LouAnne Johnson, "My Posse Don' t Do Homework," http://members.anthorsguild.net/louanne/work4.htm (accessed 22 January 2004).

●第12章　基石原理

1 Dan Barry and others, "Correcting the Record: Times Reporter Who Resigned Leaves Long Trail of Deception," *New York Times*, 11 May 2003, http://query.nytimes.com (accessed 9 March 2004).
2 Elizabeth Kollbert, "Tumult in the Newsroom, " *New Yorker*, 30 June 2003, www.newyorker.com (accessed 9 March 2004).
3 Barry et al., "Correcting the Record."
4 Paul D. Colford, "More Blair Faults at Times, " *New York Daily News*, 13 June 2003, www.nydailynews.com (accessed 9 March 2004).
5 Barry et al., "Correcting the Record."
6 Peter Johnson, "Times' Execs Address Blair Scandal, " *USA Today*, 14 May 2003, http://usatoday.printthis.clickability.com (accessed 9 March 2004).
7 Barry et al., "Correcting the Record."
8 Ibid.
9 Macarena Hernandez, "What Jayson Blair Stole From Me, and Why I Couldn' t Ignore It," *Washington Post*, I June 2003, www.washingtonpost.com (accessed 9 March 2004).
10 "Burning Down My Master' s House: My Life at The New York Times," *Publishers Weekly*, 8 March 2004, 58.
11 "Numbers," *Time*, 29 March 2004, 19.
12 Barry et al., "Correcting the Record."
13 Maxwell, *The 21 Irrefutable Laws*.
14 William M. Boast with Benjamin Martin, *Masters of Change* (Provo, UT: Executive Excellence Publishing, 1997).
15 D. Michael Abrashoff, *It's Your Ship* (New York: Warner Business, 2002), 65.

●第13章　情勢原理

1 "Williams Sisters Display Loving Sibling Rivalry at Australian Open," *Jet*, 9 February 1998, www.findarticles.com (accessed 5 February 2004).
2 L. Jon Wertheim, "We Told You So," *Sports Illustrated*, 5 April 1999, http://sportsillustrated.cnn.com(accessed 4 February 2004).
3 Timeline: Venus and Serena Williams, http://sportsillustrated.cnn.com/tennis/features/Williams/timeline (accessed 4 February 2004).
4 Wertheim, "We Told You So."

●第14章　鮑伯原理

1 Tobias Seamon, "The All-Bastard Athletic Club," *The Morning News*, 10 June 2002, www.themorningnews.org/archives/personalities (accessed 28 January 2004).
2 *Sports Illustrated*, 30 March 1981, quoted on http://espn.go.com/classic/s/quotesbmartin000806.html (accessed 23 January 2004).
3 Ibid.
4 Interview, *New York Times*, 15 July 1982.
5 Neil T. Anderson, *Victory Over the Darkness* (Ventura, CA: Regal Books, 1990).

●第15章　親近原理

1 "Biography of Barbara Walters," us.imdb.com/name/nm0910181/bio (accessed 19 February 2004).
2 Tina Gianoulis, "Barbara Walters," *St. James Encyclopedia of Popular Culture*, 2002, www.findarticles.com (accessed 17 February 2004).
3 Ibid.
4 Alberta Civil Service Association *News*.
5 Florence Littauer, *Personality Plus: How to Understand Other by Understanding Yourself* (Grand Rapids, MI: Fleming H. Revell, 2003).
6 *Simpson' s Contemporary Quotations*.
7 Barbara Walters, *How to Talk with Practically Anybody About Practically Anything* (Garden City, NY: Doubleday, 1970), xv.

●第16章　戰壕原理

1 *Army Field Manual* number 7-8, Headquarters, Department of the Army, Washington, DC, 22 April 1992, www.adtdl.army.mil/cgibin/atdl.dll/fm/7-8/ch2.htm#s2p6 (accessed 17 March 2004).
2 Ecclesiastes 4:9-12.
3 Tom and David Gardner, "Motley Fool Radio Interview with Yahoo! Co-Founder Jerry Yang," www.fool.com/Specials/1999/sp990303YangInterview.htm (accessed 11 March 2004).
4 Jon Swartz, "Yahoo' s Other Dynamic Duo: Jeff Mallett and Tim Koogle Have Transformed the Service into the Web' s Most Popular Site, " *San Francisco Chronicle*, 6 August 1998, www.sfgate.com (accessed 12 March 2004).
5 http://docs.yahoo.com/info/pr/faq.html (accessed 12 March 2004).
6 Robert Lauer and Jeanette Lauer, *Watersheds* (Boston: Little, Brown, 1988), 69.

●第17章　花圃原理

1 "Mitch Albom Bio," www.albom.com (accessed 11 March 2004).
2 Tracy Cochran, "Everyone Matters," *Publisher Weekly*, 18 August 2003, www.publishersweekly.com (accessed 12 March 2004).
3 Mitch Albom, "He Was a Champion," *Parade*, 14 September 2003, 4-5.
4 Ibid., 4.
5 Cochran, "Everyone Matters."
6 Albom, "He Was a Champion," 5.
7 Ibid.
8 Author unknown.

●第18章　一〇一%原理

1 Laura Hillenbrand, *Seabiscuit: An American Legend* (New York: Random House, 2001), 29.
2 Ibid., 33-34.

●第19章　耐心原理

1 "Lawn Chair Larry: 1982 Honorable Mention," www.darwinawards.com/stupid/stupid1997-11c.html (accessed 10 February 2004).
2 Warren G. Bennis and Burt Nanus, *Leaders: The Strategies for Taking Charge* (New York: HarperBusiness, 1985), 52.

●第21章　高層次原理

1 Richard Collier, *The General Next to God: The Story of William Booth and the Salvation Army* (London: Collins Clear-Type Press, 1965), 27.
2 Steve Artus, "General William Booth | Salvation Army, " *Claves Regni*, October 1994, www.stpetersnottingham.org (accessed 25 February 2004).
3 "William Booth," www.spartacus.schoolnet.co.uk/rebooth.htm (accessed 25 February 2004).
4 "The Founder | William Booth," http://archive.salvationarmy.org.uk (accessed 25 February 2004).
5 Collier, *The General Next to God*, 110.
6 "The Skeleton Army," www1salvationarmy.org/heritage.nsf (accessed 15 March 2004).
7 "History," www.salvationarmyusa.org (accessed 25 February 2004).
8 Artus, "General William Booth | salvation Army."

●第22章　回力棒原理

1 Alan Loy McGinnis, *The Friendship Factor* (Minneapolis: Augsburg Fortress, 1979), 9.
2 Quoted in Patrick Flaherty, *Scout Law: Quotes for life* (Iowa City: Penfield Books, 2002), 29.

●第23章　友誼原理

1 Bethany Broadwell, "Bill Porter: Selling His Uplifting Attitude," 9 August 2002, www.ican.com/news/fullpage.dfm (accessed 4 March 2004).
2 Proverbs 18:24 *The Massage*.
3 Proverbs 27:9 *The Massage* .
4 Proverbs 27:17 *The Massage*.
5 Proverbs 16:29 *The Massage* .

●第24章　合夥原理

1 "Ben Franklin As a Founding Father," http://sln.fi.edu/franklin/statesman/statsman (accessed 1 March 2004).
2 "Ben Franklin: Networker," www.pbs.org/benfranklin/13_citizen_networker.html (accessed 1 March 2004).
3 "Ben Franklin: France," www.pbs.org/benfranklin/13_citizen _france.html (accessed 1 March 2004).
4 Anonymous.

●第25章　滿足原理

1 O. S. Hawkins, *Tearing Down the Walls and Building Bridges* (Nashville: Thomas Nelson, 1995), 27.

與人同贏［全球暢銷經典］

人，是世上最值得投資的資產！領導學大師掌握職場、家庭與人際的25個共贏原則

作者	約翰·麥斯威爾（John C. Maxwell）
譯者	蔡璧如
商周集團榮譽發行人	金惟純
商周集團執行長	王文靜
視覺顧問	陳栩椿
商業周刊出版部	
總編輯	余幸娟
責任編輯	呂美雲
封面設計	copy
內頁排版	copy
出版發行	城邦文化事業股份有限公司-商業周刊
地址	104台北市中山區民生東路二段141號4樓
傳真服務	(02) 2503-6989
劃撥帳號	50003033
戶名	英屬蓋曼群島商家庭傳媒股份有限公司城邦分公司
網站	www.businessweekly.com.tw
香港發行所	城邦（香港）出版集團有限公司 香港灣仔駱克道193號東超商業中心1樓 電話：(852) 2508-6231　傳真：(852) 2578-9337 E-mail：hkcite@biznetvigator.com
製版印刷	鴻柏印刷事業股份有限公司
總經銷	聯合發行股份有限公司　電話：(02) 2917-8022
初版 1 刷	2018年3月
初版 3 刷	2018年4月
定價	360元
ISBN	978-986-7778-14-7（平裝）

國家圖書館出版品預行編目資料

與人同贏〔全球暢銷經典〕：人，是世上最值得投資的資產！領導學大師掌握職場、家庭與人際的 25 個共贏原則 / 約翰·麥斯威爾（John C. Maxwell）著；蔡璧如譯 .-- 初版 . -- 臺北市：城邦商業周刊，107.3　320 面；14.8×21 公分 .
譯自：Winning with People: Discover the people principles that work for you every time
ISBN 978-986-7778-14-7（平裝）
1. 人際關係 2. 溝通
177.3　　107001683

藍學堂

學習・奇趣・輕鬆讀